Dirk Lornsen

TIRKAN

Mit Illustrationen von Wulf Hein

Hase und Igel®

Für Lehrkräfte gibt es zu diesem Buch
ausführliches Begleitmaterial beim Hase und Igel Verlag.

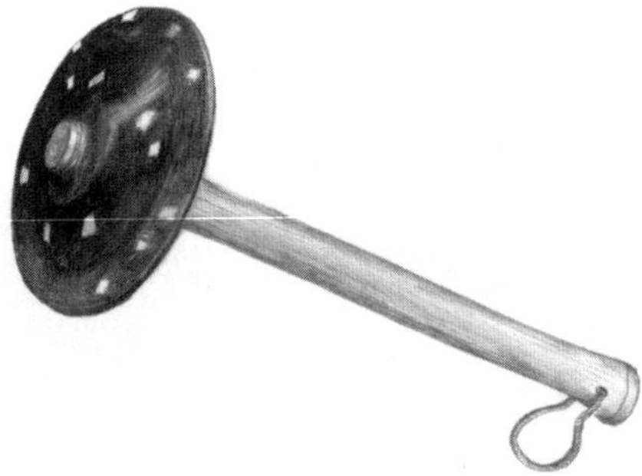

www.hase-und-igel.de
Als Schulausgabe neu bearbeitete, vom Autor genehmigte Fassung.
Die Schreibweise folgt den Regeln der neuen Rechtschreibung.
Lektorat: Patrik Eis
Druck: CPI – Ebner & Spiegel, Ulm

ISBN 978-3-86760-036-1
2. Auflage 2009

Inhalt

1. Kapitel: Tirkan und Mina

Der Tag lag den Menschen im Dorf schwer auf der Seele. Irgendeine Drohung lag in der Luft. Der Dorfälteste Barin rieb sich den Nacken und schimpfte leise vor sich hin. Diese Schmerzen im Nacken waren bei ihm schon immer ein schlechtes Zeichen gewesen. Unheil zeigte sich in vielerlei Gestalt. Ob Sturm oder Flut, Krankheit oder Hunger, wenn das Unheil sichtbar wurde, war es meist für Vorsorge zu spät. Mochte die Allmacht wissen, was auf sie zukam.

Der kluge alte Mann sah in Richtung des Ostmeeres. Dort liefen Tirkan und Mina an der hohen Kliffküste entlang und wollten bis zum See, der früher noch mit

dem Meer verbunden gewesen war. Die Zeit für das Auslegen der Reusen und den Krebsfang war günstig.

Unten vor der Steilküste lagen viele Feuersteinknollen, aber heute hatten weder der Junge noch das Mädchen einen Blick für sie übrig. Immer wieder blieb Tirkan stehen, spannte den Bogen und schoss einen Pfeil auf Ziele, die ihm günstig schienen: ein Schattenfleck im Sand, ein Holzstück, irgendetwas.

Seine Gedanken kreisten um das Rätsel, warum das hübscheste Mädchen des Dorfes, außerdem Enkeltochter des Dorfersten, ausgerechnet ihn zum Fischfang begleitete. Dabei war das Überprüfen der Fischkörbe und die Suche nach den Süßwasserkrebsen keine angenehme Arbeit. Eher etwas für einen Einzelgänger, den es nicht störte, den ganzen Tag nass zu sein und sich mit durchweichten Händen von Krebsen kneifen zu lassen. Außerdem gefielen ihr Konge, Rucke und Randok sicher besser als er. Mina musste einen bestimmten Grund haben, mit der „Schnecke" zu gehen.

Schnecke! – verärgert dachte Tirkan an seinen Spottnamen. Die wollen mich kränken und mir vor den anderen die Würde nehmen. Warum eigentlich?

Er legte den nächsten Pfeil ein, spannte wesentlich stärker und zielte auf einen Schattenfleck, der in den Umrissen einem nackten Hinterteil sehr ähnlich sah: So, das ist jetzt Randoks Sitzfleisch! Tirkan freute sich, als der Pfeil sein Ziel genau erreichte.

Mina war hübsch und lachte gern. Ihre Augen strahlten, wenn sie gut gelaunt war. Und das zog ihn an. Sie gefiel Tirkan mehr, als er sich eingestehen mochte. Dabei war Mina glatt einen Kopf größer als er. Tirkan war mehr in die Breite gewachsen, aß furchtbar gern und nahm sich viel Zeit dafür.

„Du könntest mich auch mal schießen lassen!", bat Mina ihn. „Es ist langweilig, immer nur zusehen zu müssen."

Das ist es also! Er schrak aus seinen Gedanken. Sie will, dass ich ihr das Bogenschießen beibringe. Das Einzige, worin ich den anderen überlegen bin.

„Den Bogen gibt ein Mann nicht in fremde Hände!", antwortete er. „Du würdest ihn mir verderben."

„Soweit ich weiß, bist du noch kein Mann und hast den Bogen nicht ganz allein gemacht. Dabei hat dir doch der merkwürdige Harp geholfen. Du kannst ihn mir ruhig mal leihen." Minas Augen strahlten jetzt nicht mehr – sie funkelten.

Tirkans Mutter war kurz nach seiner Geburt bei einem Überfall der Inselleute getötet worden. Seither lebte er ohne den Schutz eines Angehörigen. Harp hatte den Jungen schätzen gelernt und brachte ihm die Werkzeugherstellung und verschiedene Jagdtechniken bei.

Harp galt als merkwürdig, weil er nicht in der Sicherheit des Dorfes lebte. Offenbar jagte er mit viel Erfolg. Wenn er etwas übrig hatte, schenkte er einen Teil seiner Beute den Bauern. Außer seinen Fleischgaben und seinem Interesse für Tirkan kümmerte sich Harp kaum um das Geschehen im Dorf. Um ihn bildeten sich seltsame Gerüchte. Einige fürchteten sich vor ihm. Manche sprachen von einer verschwundenen Frau, wenn es um Harp ging. Aber sie vermieden es, deutlich zu werden.

Harp war lang und dürr von Gestalt. Von Weitem konnte man ihn mit einem abgestorbenen Baum verwechseln, denn er hatte die Angewohnheit, regungslos herumzustehen und in die Ferne zu starren.

Es war schon richtig, was Mina gesagt hatte. Harp hatte Tirkan den Eibenholzbogen geschnitzt, aber den Jungen an jedem Arbeitsschritt mitarbeiten lassen. Vom Aussuchen des Eibenstämmchens bis zur feinsten Glättung mit Feuersteinabschlägen. Tirkans Bogen war nicht ganz so groß wie der von Harp.

Tirkan hatte viel üben müssen, bis seine Kraft fürs Spannen reichte. Dank der Hilfe von Harp konnte er jetzt unter den Jüngeren am besten mit einem Bogen umgehen. Der Junge war nach seinen Erfahrungen mit den Altersgenossen nicht bereit, sein Wissen an andere weiterzugeben. Auch an Mina nicht – funkelnde Augen hin oder her.

„Die Krähen sollen sie fressen!", fluchte Randok, als er unten am Strand das dritte Mal über Steine stolperte. „Was soll nur plötzlich die Rennerei?"

„Wahrscheinlich haben sie uns gesehen", meinte Konge schwer atmend und blieb stehen.

„Warum?", fragte Rucke, der gern alles zweimal hörte.

Genau das brachte Konge regelmäßig in helle Wut: „Mir ist es ein Rätsel, wie ein derartig großer Kopf so wenig leisten kann. Hier unten am Strand gibt es außer ein paar großen Findlingen keine Deckung für uns. Die beiden brauchen sich doch nur einmal über den Rand gebeugt und zurückgeschaut zu haben, oder?"

„Ja und wenn", sagte Rucke einfach, „sie können doch nicht ahnen, dass wir ihnen folgen und einen Spaß machen wollen."

„Einen Spaß“, murmelte Randok leise, „… einen ganz besonders wirkungsvollen Spaß müssen wir uns ausdenken, den Tirkan so schnell nicht vergessen soll.“ Randoks wichtigstes Bestreben lag darin, die Schwächen anderer auszukundschaften und sie dann auszunutzen.

Es gab einen Grund für seine Bosheit: In Randoks Hof tropfte nicht gerade der Honig aus den Waben. Regelmäßig bei Vollmond verschwand sein Vater in seinem Grubenhaus, wo er sonst Webarbeiten machte. Dann hatte er sein größtes Tongefäß dabei, das reichlich mit Gegorenem gefüllt war. Er schüttete den stark alkoholhaltigen Trank mit großer Geschwindigkeit in sich hinein. Die Folge war, dass Randoks Vater grässliche Träume von unheimlichen Wesen bekam, die ihn verfolgten. In seinem Rausch lauerte er seinem Sohn auf und verprügelte ihn. Es ging zwar gerade auf eine Neumondnacht zu, doch Randoks Vater hatte offenbar seine Gewohnheiten erweitert und saß schon jetzt im Grubenhaus.

Nein, der Junge war nicht zu beneiden. Kein Wunder, dass sich seine Wut immer mehr aufstaute und entladen wollte. Nur wählte er nicht den Verursacher als Gegner, sondern irgendjemanden, der etwas tat, was ihm nicht passte.

Diesmal hatte er sich Tirkan ausgesucht. Randok war nicht im mindesten damit einverstanden, dass dieser dickliche Nichtsnutz mit Mina zum Fischen ging. Die beiden hatten sogar die Erlaubnis, sich zwei Tage Zeit zu nehmen – das schönste Mädchen und der hässlichste Junge aus dem Dorf! Ausgerechnet der Großvater von Mina hatte seine Hände im Spiel, Großvater Barin, der Dorferste und Dorfälteste. Er genoss großen Respekt bei allen. Gegen seine Entscheidungen gab es keinen Widerspruch. So hatten die Dorfbewohner sich geeinigt.

Randok wusste nicht, warum Barin seine Enkelin mit Tirkan ziehen ließ. Dabei war der Grund ganz einfach:

Großvater Barin aß für sein Leben gern Süßwasserkrebse. Der Junge brachte ihm in der Krebszeit regelmäßig welche. Zum Dank erzählte Barin Tirkan von den Lebensgeistern in Wasser, Luft und Land.

Es gab nichts Spannenderes für Tirkan, als Geschichten von unsichtbaren Wesen zu hören, die die Geschicke der Menschen bestimmten.

Diesmal sollte Mina in die Geheimnisse des Krebsfangs eingeweiht werden. Und Barin erhoffte sich dadurch in Zukunft die doppelte Ausbeute für seinen Magen. Damit die beiden genügend Zeit hatten, um auch den Nachtfang auszuprobieren, hatte Barin ihnen zwei Tage erlaubt. Er wusste sehr wohl, wie viel Mut das seiner Enkeltochter Mina abringen würde. Sie sollte die Angst vor der Dunkelheit überwinden.

Randok hatte seine Anhänger um sich gesammelt: Konge und Rucke. Konge, der gern mitmachte, wenn es gegen Tirkan ging. Rucke, weil er unentbehrlich war, wenn große körperliche Kraft nötig sein sollte. Dabei unterschätzte er oft seine Kräfte und versuchte später alles wiedergutzumachen, was seine großen Fäuste angerichtet hatten.

„Egal, ob sie voraus sind oder nicht. Sie müssen zum See“, meinte Randok. „Dort sollen sie Fischkörbe auslegen. Wir brauchen uns also nicht abzuhetzen.“

Die Jungen liefen etwas langsamer am Uferstreifen entlang in Richtung See. Im Osten, nur durch eine schmale Landbrücke vom See getrennt, lag das Meer. Glatt und grün wie ein Ententeich.

Sechs Männer paddelten auf die Küste zu. Sie sahen sich nicht nach der großen Insel um, die ihre Heimat gewesen war. Gab es für sie überhaupt etwas anderes als zu rauben und fliehen? Sechs Holzpaddel tauchten in gleich-

mäßigem Takt ein und schoben die beiden Einbäume ruhig und sicher durchs Wasser auf das Festland zu.

Ein anstrengender Lauf. Mina keuchte und spürte ein Stechen in der Seite. Sie blieb stehen und rang nach Luft. Tirkan kehrte um und stellte die dämlichste Frage, die er hier stellen konnte: „Kannst du nicht mehr?"

Das Mädchen stemmte die Hände in die schmerzenden Seiten, beugte den Oberkörper vor und antwortete ihm nicht.

Er machte die Sache noch schlimmer: „Mina, wir müssen so bald wie möglich dort sein. Es dauert seine Zeit, die Fischkörbe auszulegen. Und nach der Dämmerung haben wir anderes zu tun. Komm weiter!“ Sie sah ihn nur an, und Tirkan merkte, dass er wohl die falschen Worte gewählt hatte.

Ekel!, dachte Mina. Wie alle Jungen. Bilden sich ein, immer schneller, stärker und was weiß ich nicht noch alles zu sein. Dabei dachte ich, der wäre anders als Randok und seine Hohlköpfe.

Mina versuchte, ihren Atem zu beruhigen, und lief dann langsamer weiter. Leider stieg das Gelände vor dem See an, sodass ihr das Laufen noch schwerer wurde. Als der Kliffrand seine höchste Stelle erreichte, lief Tirkan einen Dünenbuckel hinauf und legte sich in eine Sandkuhle. Mina kroch mit Händen und Füßen den Buckel hinauf und warf sich völlig erschöpft neben ihn. „Im Laufen bist du mir über!“, sagte sie erschöpft und versuchte, genug Luft zu bekommen.

„Ist es nicht schön?“ Tirkan hatte nur Augen für die Gras- und Strauchlandschaft unter ihnen: Ein Bach schlängelte sich vom Landesinneren auf den See zu. Darin wimmelte es von Fischen. Der Meeresstrand lockte zusätzlich mit leckeren Muscheln und die wichtigen Feuersteinknollen waren nah. Die Bauern hatten ein ums andere Mal überlegt, ob sie nicht an diesen Ort umziehen sollten. Aber der Boden eignete sich nicht für den Ackerbau. Und Getreide war für sie lebenswichtig, wie Haustiere und die Jagd. Also blieben sie, wo sie waren, und nutzten den Fischreichtum in der Ferne durch das Auslegen von Reusen.

„Was ist schön?“, fragte Mina und versuchte mühsam, sich ein Sandkorn aus dem Auge zu reiben.

„Der See. Was denn sonst?“, meinte er verwundert und sah sie an.

„Blöder Sand! Hilf mir mal! Ich krieg ihn nicht aus dem Auge.“

Tirkan griff nach einer kleinen Vogelfeder, die im Gesträuch steckte, zog Minas Augenlid hoch und versuchte das Sandkörnchen herauszufischen.

Mina zappelte und kicherte. „Wie das kitzelt! Ich halte es nicht aus!“ Sie wand sich wie ein Aal.

Schließlich schimpfte er: „So geht das nicht, du musst stillhalten! Ich setz mich jetzt auf dich. Hör auf zu kichern!“

„Dich möcht ich mal sehen bei dem Gejucke!“ Aber sie riss gehorsam die Augen auf und versuchte nicht zu zucken.

Tirkan konnte es nicht lassen, diese Angelegenheit in die Länge zu ziehen. Minas Augen waren wirklich schön. Sie hatten die Farbe des Bernsteins, wenn er mehr durchscheinend als gelblich ist. Niemand sonst im Dorf hatte eine solche Augenfarbe.

„Da ist es ja!“

Während sie mit dem Sandkorn beschäftigt waren, zogen die beiden Einbäume mit den sechs Männern um eine Landzunge und entgingen Minas und Tirkans Aufmerksamkeit. Auch Randok, Konge und Rucke sahen nicht aufs Meer. Sie waren viel zu sehr mit der Verfolgung Tirkans beschäftigt.

2. Kapitel: Randoks Plan

Ehe die Sonne ihren höchsten Stand erreicht hatte, kamen die beiden an den kleinen Bach, der den See mit Süßwasser auffüllte. Kurz bevor sie an den Einlauf des Baches in den See kamen, nahm Tirkan den Bogen über die Schulter und wühlte am Uferrand im Schilf. Nach emsigem Suchen fand er schließlich den Holzspaten. Dann ging er an eine sumpfige Stelle und fing an, Zweige zur Seite zu räumen. Es roch bald nach fauligen Eiern.

Mina verzog angewidert die Nase: „Was ist das für ein Gestank? Wozu wühlst du den Schlamm auf?"

„Weil ich hier Weidenruten vergraben habe, um die Fischkörbe zu flicken. Sie lassen sich besser biegen und flechten, wenn sie eingeweicht sind. Hilfst du mir?"

„Hast du keine andere Aufgabe für mich? Mir ist ganz übel von dem Gestank!" Sie schüttelte sich.

Er überlegte. Die Fischkörbe aus Weidenruten lagen auf der kleinen Halbinsel versteckt, die wie eine Knollennase in den See ragte. Eigentlich war es gleich, ob die Reusen zu den Ruten getragen wurden oder umgekehrt.

„Du kannst die Fischkörbe holen. Die stinken nicht", meinte er gutmütig, zeigte ihr den Weg zur Halbinsel und beschrieb sein Versteck zwischen den Uferbüschen.

Randok, Konge und Rucke erreichten in diesem Moment die Landbrücke zwischen der Küste und dem See. Am Uferrand gingen sie weiter und kamen der Halbinsel näher.

Tirkan hatte die eingeweichten Weidenruten zurechtgelegt, schälte die Reste der fauligen Rinde mit Feuersteinabschlägen und beschloss, einen Behälter zu machen, bis Mina mit den Reusen kam. Zuerst flocht er einen Ring, an dem er ein Netz befestigte. Dann steckte er den Weidenring auf Astgabeln fest. So hatte er eine Aufbewahrungsmöglichkeit für die kneifwütigen Tiere.

Tirkan bewegte sich vorsichtig am Uferrand entlang. Dabei versuchte er sanft aufzutreten, um Erschütterungen zu vermeiden. Er hatte gelernt, dass die Krebse sich bei Lärm und Getrampel tief in ihre Verstecke zurückzogen. Dann war es schwieriger, sie zu erwischen. Stück für Stück tastete er das Ufer nach Höhlungen ab. Ein komisches Gefühl beschlich ihn, denn in seiner Fantasie lauerten dort noch andere Wesen, die darauf warteten zuzubeißen. Seine Sinne waren angespannt.

Rucke mit seiner langen Gestalt sah Mina als Erster. „Ho! Da ist ja die Honigbiene! Jetzt wollen wir ein Späßchen mit ihr machen. Die Schnecke sehe ich nicht.“

„Sei leise! Sie hört uns sonst noch.“ Konge ärgerte sich wieder über Rucke. „Musst du unbedingt wie ein brunftiger Hirsch röhren?“

„Hört zu!“ Randok verzog das Gesicht zu einem hinterhältigen Lächeln und weihte seine Kumpane in seinen Plan ein.

Das Tier war schnell gefunden. Es wimmelte davon im Waldland. Ein Prachtexemplar.

Die Jungen schlichen auf die Halbinsel. Inzwischen war Wind aufgekommen. Er blies ihnen entgegen und trug so kein verdächtiges Geräusch zu Mina hinüber.

Sie suchte eine Weile im Unterholz nach den Fischkörben. Rund ums Dorf kannte sie jedes Gebüsch. Aber hier war ihr alles neu, unbekannt. Es roch nach Moder und Fäulnis. Alles in allem eine Stelle, die sie sonst gemieden hätte.

Tirkan lag auf dem Bauch am Uferrand und fingerte im Wasser herum. Seine Hand spürte eine Vertiefung.

„Au!" Der Schmerz kam so plötzlich, dass auch der erfahrene Krebsfänger seine Hand zurückzog. Dem Krebs machte das Mut. Er kniff fester zu. Tirkan stemmte sich mit der freien Hand hoch, rutschte ab und fiel der Länge nach in den See.

In diesem Augenblick stach der Schrei in seine Ohren. Ein gellender und verzweifelter Schrei.

Mina!, dachte Tirkan erschrocken, riss den Krebs von seinem Finger und scherte sich nicht um den Schmerz. Er warf den Oberkörper vor, krallte seine Hände in den Uferrand, zog sich aus dem Schlamm, rappelte sich auf, griff nach Köcher und Bogen. Dann rannte er los.

Eine Schlange? Oder gar ein Luchs oder Bär? Tirkan spürte eine besondere Art von Furcht und Sorge.

Wieder ein Schrei. Er rannte so schnell er konnte.

Sie war vor Entsetzen ganz starr. Das eklige Tier wuchs vor ihren Augen zu einem Ungeheuer. Sie spürte schon den stechenden Schmerz, der wie eine heiße Welle durch ihren Körper rasen würde.

„Schluck runter!", befahl die hässliche Stimme. „Oder ich lasse sie dir ins Hemd fallen. Deinen Schlag wirst du noch bereuen!"

Mina schloss die Augen, um das ekelhafte Tier nicht sehen zu müssen. Aber Randok zog ihr die Augenlider hoch und Konge schob das Holz mit der Spinne darauf immer näher an ihren Mund. Rucke hatte die Aufgabe übernommen, Mina festzuhalten, indem er beide Arme unter ihre Achseln drückte und seine Hände hinter ihrem Nacken schloss. So konnte sie den Oberkörper nicht rühren, dafür die Füße umso kräftiger. Ruckes Schienbeine waren schon taub und blutig von ihren heftigen Tritten. Doch er konnte eine Menge einstecken.

Randok versuchte sie zu zwingen, den Mund zu öffnen. Dabei verzerrte er sein Gesicht voller Wut. Kein Wunder bei dem Fausthieb, den sie ihm versetzt hatte.

In diesem Augenblick preschte Tirkan auf die Lichtung und warf sich gegen Konge. Er riss ihn samt Spinne mit und beide Jungen stürzten ins Wasser.

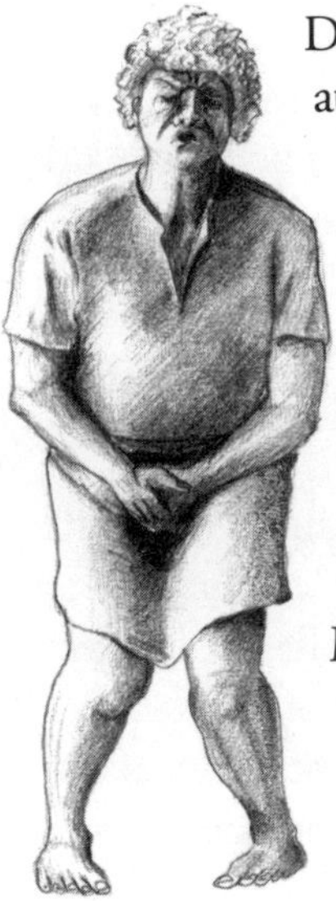

Die Spinne segelte durch die Luft, landete auf den Wellen und besann sich einen Moment. Schließlich begann sie mit allen Beinchen Richtung Ufer zu paddeln, um sich zu verdrücken.

Konge dagegen schrie wie am Spieß. Er konnte nicht schwimmen, hatte aber Grund unter den Füßen. Rucke ließ Mina erschrocken los, was sich als schwerer Fehler herausstellte. Er bekam Minas Knie dorthin, wo es einen Kämpfer besonders schmerzt und gehörig die Angriffslust hemmt. Der Tritt beschäftigte ihn eine Weile. Mina kam jetzt richtig in Fahrt, bückte sich nach der nächsten Fischreuse und rammte sie Randok mit aller Kraft über den Kopf. Die Verengung schnappte unter seinem Kinn zusammen. Randok spürte die Weidenstäbe, die wie ein Kranz um seinen Hals liefen und sich eindrückten. Es tat sehr weh. Vor Schmerz und Scham traten Tränen in seine Augen.

Inzwischen war Tirkan aus dem Wasser gekrabbelt und warf sich auf Rucke, der gerade mühsam Minas Tritt verdaut hatte. Rucke, stark wie ein Ochse, fand es nicht leicht, sich den nassen und glitschigen Gegner vom Leib zu halten. Die Jungen verkrallten sich immer mehr ineinander. Rucke merkte erstaunt, dass Tirkan zwar wesentlich kleiner war als er, aber nicht leichter. Außerdem kämpfte er mit Wut und Entschlossenheit. Mina stieß den hilflosen Randok samt Reusenhut in stacheliges Gebüsch, griff nach Tirkans Bogen und beendete den Kampf mit einem gewaltigen Hieb auf Ruckes Kopf. Es knackte gefährlich. Der große Junge sackte zusammen.

Alles war sehr schnell gegangen. Konge stand noch immer im Wasser und schrie.

„Mach den Mund zu, Konge!“, rief Mina. Ihre Bernsteinaugen schleuderten Blitze. „Es ist nicht tief genug für dich.“

Sie half Tirkan auf die Beine. Er sah sehr mitgenommen aus, denn Ruckes Fäuste hatten seine Nase und ein Auge getroffen.

Bevor Mina den Kampfplatz verließ, ging sie zu Randok, der immer noch wie ein Käfer auf dem Rücken lag, sein Fischgefängnis auf dem Kopf.

Sie sah ihn nur an.

„Das hätte leicht ein richtiges Unglück werden können“, sagte Tirkan unbehaglich zu Mina. „Konge kann wirklich nicht schwimmen.“

„Aber einen zu dritt überfallen, das kann er! Und du verteidigst ihn auch noch. Halt gefälligst still, wie ich es beim Sandkorn tun musste.“

Die beiden saßen am Bach. Mina säuberte Tirkans Schrammen und kühlte das Auge. Es war beeindruckend zugeschwollen.

Tirkan schwieg und dachte nach.

„Du kannst gut kämpfen, hast aber geschrien, als würde man dich töten. Warum?“, fragte er schließlich.

Mina rutschte unruhig am Uferrand hin und her. Sie sprach nicht gern darüber. Aber zwischen ihr und diesem mutigen Jungen sollte es jetzt eigentlich keine Geheimnisse mehr geben.

„Ich habe schreckliche Angst vor Spinnen.“ Minas Gesicht verzog sich vor Zorn. „Randok wollte mich zwingen, die dicke Spinne zu schlucken. Allein dafür könnte ich ihn töten!“

„Na, na! Ziemlich harte Worte. Mit Randok, Konge und Rucke werden wir noch Ärger haben. Du hättest Rucke ja nicht gleich den Bogen wie eine Keule auf den Kopf schlagen müssen. Er ist umgefallen wie ein Sack Korn."

„Der kann noch heilfroh sein, dass ich keinen Stein in der Hand hatte. Wenn ich richtig wütend werde, weiß ich nicht mehr, was ich tue."

Tirkan beschloss, sich das gut zu merken. „Denkst du, sie kommen zurück?", fragte er.

„Hast du etwa Angst?"

„Ja!", sagte er nur.

Mina schwieg.

„Auf Dauer ist Rucke auf jeden Fall stärker als ich. Ich schlage mich nicht gern", setzte er noch hinzu. Es klang wie eine Entschuldigung.

„Hast du dich denn nur für mich geschlagen?" Sie sah ihn aufmerksam an.

„Blieb mir doch nichts anderes übrig, oder?"

„Wenn du das so siehst." Mina konnte ihre Enttäuschung nicht ganz verbergen.

„Lass uns jetzt die Fischkörbe flicken."

Die beiden schleppten die Fischreusen zum Bachufer. Zwölf geflochtene Körbe, deren Öffnung einen Trichter bildete, der sich nach innen verengte. Die Fische schwammen durch die Trichteröffnung der Reuse und fanden den Rückweg nicht mehr. Einige Reusen hatten Löcher oder beschädigte Ringe. Das Holz war zum Teil verrottet.

„Warum hast du die Fischkörbe an Land aufbewahrt?", fragte Mina neugierig. „Hält sich das Weidenholz im Wasser nicht besser?"

„Das mag schon sein. Aber die Reusen schwimmen oft im Winter nach oben und werden von den Eisschollen zerquetscht. Wenn ich Pech habe, finde ich sie überhaupt nicht mehr. Der See ist groß und bei Sturm reißen die Wellen meine Schnüre durch. Weg sind sie. Die Geister mögen wissen, wo sie abbleiben. So ist das." Tirkan knotete geschickt einen Verstärkungsring an eine alte Reusenöffnung.

„Hast du keinen Einbaum? Damit könnte man sie doch suchen", fragte Mina erstaunt.

„Ein eigenes Boot? Das hätte ich gern." Tirkan kam ins Träumen. „Harp will einen Einbaum mit mir machen. Weißt du, wie schwer das ist? Er will immer, dass ich einen Teil der Arbeit selbst mache. Nur so kann ich es lernen, sagt er."

„Du hältst viel von Harp, nicht wahr? Kaum einem im Dorf ist er geheuer, außer meinen Großeltern. Die anderen haben irgendwie Angst vor ihm. Er ist oft so düster. Weißt du auch, was man über ihn flüstert?"

„Harp ist nicht böse. Auch nicht düster. Er ist traurig. Seine Jagdbeute nehmt ihr ja gern." Tirkan war verärgert. „Außerdem, was kümmert mich das Geschwätz anderer?"

„Du weißt also nichts?" Mina sah ihn seltsam an.

„Ich weiß genug, um ihn zu mögen", sagte er entschieden.

Aber Mina ließ nicht locker. „Man sagt", begann sie nachdenklich, „Harp ging mit einer schönen Frau aus der Festung fort, vor zwei Sommern. Niemand hat sie seither gesehen. Aber er kam wieder, allein. Großvater Barin hat es meiner Mutter erzählt, im Vertrauen. Ich habe gelauscht, aber leider nicht alles gehört."

„Vielleicht war sie krank? Oder Wölfe haben sie getötet? Oder ein anderes Unglück ist geschehen? Wer weiß das schon? Es wird viel geredet im Dorf." Tirkan schüttelte unwillig den Kopf.

Sie reden ja auch über mich, dachte er. Bastard nennen sie mich, Wildling. Nur weil sie nicht wissen, wer mein Vater war.

Mina spürte, dass Tirkan nicht mehr über Harp und die Gerüchte im Dorf sprechen wollte. Sie schwieg und wartete, bis er wieder etwas sagte.

„Die Körbe sind heil und die anderen tun es für diese Fangzeit noch. Wir müssen jetzt Köder suchen." Tirkan holte Schnur und Haken aus seiner Gürteltasche. Er prüfte die geflochtene Sehnenschnur auf ihre Festigkeit. Zerriss sie bei einem schweren Fisch, ging der Haken für immer verloren.

„Nimm diesen hier!" Er gab Mina die Schnur. „Such dir Würmer oder Schnecken als Köder. Barsche und Forellen mögen das. Warte noch, bis ich den Schwimmer fest habe. Beißt etwas, darfst du nicht zu hart ziehen. Wenn der Haken an einem Holz festhängt, kann die Schnur reißen. Ich habe nur diese zwei aus Stein und möchte sie auch behalten."

„Sind sie besser als die aus Knochen?"

„Besser glaube ich nicht. Aber schwerer zu machen und irgendwie schöner als der ewige Knochenkram. Von Harp", betonte er stolz.

Tirkan pustete zwei Schweinsblasen auf und knotete sie an die Angelschnur. Mina hatte fette Würmer unter Steinen gefunden und die beiden Gefährten kletterten auf einen dicken Baumstamm, der über das Wasser ragte.

Auf seinen kräftigen Ästen machten sie es sich gemütlich.

Mina kühlte gerade Tirkans geschwollenes Auge, da begann ihr Schwimmer zu hüpfen. Aufgeregt riss sie an der Schnur. Der Barsch flog durch den Ruck bis auf ihr Bein, schlug ärgerlich mit der Schwanzflosse und verabschiedete sich mit einem kräftigen Platsch wieder in den See.

„Genau das solltest du nicht machen", meinte Tirkan trocken.

Mina schwieg und ärgerte sich diesmal zur Abwechslung über sich selbst. Es sollte nicht das letzte Mal sein.

3. Kapitel: Feinde

Harp kletterte in die höchsten Äste der gewaltigen Eiche. Von oben konnte er weit hinaus ins Land sehen. Der Baum stand auf dem höchsten Hügel des Landes. Die Abendwolken ließen nur einen schwachen, rötlichen Schein der Sonne durch. Es sah aus wie eine Mischung aus Schafsmilch und Blut. Harp sah die Hügelkette im Westen mit dem großen See und die Lagune mit den Feuersteinkliffen im Nordosten. Davor glitzerte das Meer. Auch er konnte die beiden Einbäume nicht sehen.

Sie zogen unter dem Sichtschutz des Steilufers nach Nordwesten. Noch vor Einbruch der Dunkelheit würden sie den kleinen Fluss erreichen, der den großen See und das Dorf in seiner Nähe mit dem Meer verband.

Der hagere Mann fühlte sich unbehaglich. Dabei war der Tag ohne schlechte Ereignisse verlaufen.

Harp lebte in diesem alten Wald, der sich in den Jahrtausenden gebildet hatte, nachdem die Gletscher der Eiszeit das Land bedeckt und geformt hatten. Die riesige Eiche war sein Zuhause. Ein holzzerstörender Pilz hatte seinen Stammkern gefressen und ihn langsam ausgehöhlt. Das konnte ein solcher Baumriese aber Jahrhunderte aushalten. Der Mann hatte mit Feuersteinbeil und -dechsel das faule Holz sorgfältig entfernt und wohnte in diesem ungewöhnlichen Haus.

Dort pflegte Harp seine Trauer. Die Trauer um eine Frau, die er geliebt hatte und mit der er noch vor zwei Jahren in eine frohe Zukunft gesehen hatte. Er war mit ihr in den Flusstalgrund gezogen, um eine neue Siedlung zu gründen. Bis die Männer von der Insel kamen.

Es geschah an einem Wintertag im jungen Jahr. Harp kehrte von der Jagd zurück und fand seine ermordete Frau: blutüberströmt, mit einer Scheibenkeule erschlagen. Die Spuren wiesen ihm den Weg. Harp verfolgte die Mörder bis zur Küste. Im Dunst über dem Wasser sah er das Boot in Richtung große Insel verschwinden.

Er brachte die Tote nicht zum Begräbnisplatz des Dorfes. Vielleicht wäre das besser gewesen. Es hätte verhindert, dass die Bauern Gerüchte streuten und ihm misstrauten. Er begrub sie beim Haus und verbrannte den neuen Hof. Als die Natur ihr Werk getan hatte und Mankits Fleisch zerfallen war, öffnete Harp das Grab, reinigte ihren Schädel von der Erde und nahm ihn zu sich in den Baum. Der einsame Mann formte aus seiner Erinnerung ihr Gesicht aus Ton über die Knochen. Jeden Tag brachte er frisches Wasser, Speisen und Blumen und stellte sie neben dem Kopf auf.

Harp lebte über ein Jahr lang nur für Trauer und Hass. Vielleicht hätte sich sein Geist verwirrt, denn er begann immer öfter mit der Toten zu sprechen, als lebte sie noch.

Dann begegnete er Tirkan. Der lief allein und ohne Schutz an der Steilküste entlang, als der hagere Mann wie aus dem Boden gewachsen vor ihm stand. Der Junge hatte keine Angst vor ihm. Warum auch? Später, wenn sie sich hin und wieder an der Steilküste trafen und Harp mit brennenden Augen zur großen Insel starrte, setzte sich Tirkan dazu. Der Junge redete fröhlich über alles, was sein Herz bewegte, und öffnete dadurch Harps düsteren Gedankenmantel. Nach und nach erfuhr der Junge sein grausames Schicksal. Wo Harp wohnte, erfuhr Tirkan aber nicht.

„Warum erzählst du Barin nicht, was dir widerfahren ist?“, hatte der Junge gefragt. „Du nährst selbst die bösen Gerüchte über dich im Dorf. Sie glauben allmählich, du hättest deine Frau Mankit getötet.“

„Wenn die Leute im Dorf es wüssten, würde das etwas ändern?“, hatte Harp geantwortet. „Wird Mankit dadurch wieder lebendig?“

Darauf konnte Tirkan nicht antworten. Aber er fragte: „Warum sitzt du so oft hier?“

„Ich warte“, hatte Harp geantwortet.

„Du wartest darauf, dass der Mörder deiner Frau wiederkommt!“

Niemand im Dorf erfuhr, was Tirkan über Harp wusste. Das Versprechen hatte Harp ihm abgenommen. Seither beobachtete der einsame Mann den Jungen und freute sich über jede Fertigkeit, die Tirkan von ihm lernte. Das lenkte ihn etwas von seinem Hass ab. So wuchs ihm der Junge immer mehr ans Herz. Manchmal schien er ihm wie ein eigener Sohn. Dann dachte er wieder an Mankit und der Schmerz schien ihn zu zerreißen. Sie war damals schwanger gewesen.

Jetzt kletterte Harp flink wie ein Eichhörnchen bis zum Kronenansatz des Baumes hinunter. Hier gab es ein Loch in dem hohlen Stamm und eine Steigleiter bis zum Boden. Harp schloss das Einstiegsloch mit einem Holzdeckel, nahm seinen Bogen und den Köcher mit Jagdpfeilen und lief gebückt durch den Weg in der Dornenhecke. Den Zugang versperrte er hinter sich mit einem festen Gatter und tarnte ihn mit Dornenstecken. Dann ging er zu seinen Fallen am südlichen Rand des Hügels.

Merur und seine Männer stießen genau auf den kleinen Fluss, der das Ende des Feuersteinkliffs nach Nordwesten bildete. Merurs bellende Stimme trieb sie zur Eile an, um ein Versteck für die Nacht zu suchen.

Schließlich sahen sie in der Abenddämmerung die Dächer des kleinen Dorfes: fünf größere Häuser mit Stallteilen und mehrere Speicherbauten auf Holzpfählen. Sofort drehten die Männer ihre Einbäume zur Seite und drückten sich in das hohe Uferschilf, um zu beratschlagen.

„Genau, was wir suchen!“, meinte Grigo begeistert. „Ein paar Erdwühler, die Fleisch und Korn zu viel haben.“

„Und das nehmen wir ihnen ab!“, entschied Merur, der Anführer. „Wenn sie nichts rausrücken wollen, werden wir sie überreden müssen.“

Brenk, der mit den beiden eine Bootsmannschaft bildete, lächelte sein stilles, unheimliches Lächeln und wirbelte bei Merurs Worten spielerisch seine Scheibenkeule ums Handgelenk. Der Keulenkopf war aus einem zähen und harten Stein mit Tausenden von Schlägen in seine Form gepickt und abschließend fein geschliffen worden. Die Waffe sah gefährlich aus. Besonders in den Händen von Brenk.

Lonn, der Bootsführer des zweiten Einbaums, sagte nichts und beobachtete Brenk bei seinen Kunststückchen. Er stellte nicht zum ersten Mal fest, dass er den Mann verachtete. Seine Bootskameraden schwiegen ebenfalls. Die Zwillinge waren sich so ähnlich, dass der eine die Gedanken des anderen in dessen Augen lesen konnte.

Die schweigende Bootsmannschaft schien die andere zu reizen. „Was sagt ihr dazu?“, fragte Grigo in spöttischem Ton. „Habt ihr eure Zunge verschluckt?“

„Achte auf deine Worte!“, sagte Lonn und sein hässliches Gesicht wendete sich Grigo zu, der dem Blick auswich. Lonn wurde Krüppel genannt, jedenfalls hinter seinem Rücken. Niemand traute sich, das laut zu sagen. Schon ein Mann hatte deshalb fast sein Leben eingebüßt. Das war auch der Grund, der Lonn von der Insel vertrieben hatte.

Die Natur hatte mit Lonns Körper gespielt, und so hatte seine Mutter einen Menschen geboren, der ungewöhnlich aussah: ein überlanger Oberkörper, dagegen sehr kurze Beine, die wie Baumstämme aussahen. Es war schwierig, ihm in die Augen zu schauen, denn jedes sah in eine andere Richtung.

Der Mann verfügte über ungeheure Körperkräfte. Es war nicht klar, wer der stärkere war: Merur, der muskelbepackte Anführer, oder der verwachsene Lonn. Nur im schnellen, ausdauernden Lauf mochte Merur ihm überlegen sein.

„Ihr wollt also das Dorf überfallen?“, fragte der eine Zwilling bedächtig und sein Bruder sprach weiter: „Ist das der einzige Weg?“

„Habt ihr einen besseren Vorschlag, etwas zwischen die Zähne zu bekommen?“, parierte Merur. „Oder meint ihr, sie schlachten vor Begeisterung über unsere Ankunft einen Ochsen?“

Zunächst antwortete keiner. Vielleicht dachten sie an die Gründe, die sie von der Insel vertrieben hatten. Schließlich sagte Lonn mit ruhiger Stimme: „Für die nächsten zwei Tage reicht unser Nahrungsvorrat. Wir sollten uns erst ein sicheres Versteck suchen, in dem wir uns jederzeit verbergen können, bevor wir überhaupt an einen Beutezug denken."

„Verbergen?" Brenk verzog unwillig sein Gesicht. „Haben wir das nötig? Glaubst du, die Erdwühler können uns gefährlich werden? Du machst Scherze."

„Ja genau!", setzte Grigo nach. „Wenn ich will, hat das Dorf noch in dieser Nacht ein Haus weniger, aber genug Holzkohle."

„Wir suchen ein Versteck!", entschied Merur. „Lonns Vorschlag ist gut. Wir müssen die Gegend kennenlernen. Wer weiß, wie viele Dorfgemeinschaften es um den See gibt und ob sie zusammenarbeiten. Ein dichtes Dornengebüsch als Versteck wäre das Richtige. Vorhin sind wir an einem Waldrand entlanggefahren. Mal sehen, ob wir dort etwas finden. Wendet und seid still. Die Boote müssen wir später im Schilf verstecken."

Niemand sagte etwas darauf. Merur war der Anführer. Jedenfalls meinte er das. Wenn sie auch nicht abgestimmt hatten, so war es doch sein Vorschlag gewesen, von der Insel zu flüchten, wo man sie nicht mehr duldete, ja sogar verfolgte. Die Dämmerung zog auf. Viel Zeit blieb ihnen nicht mehr für die Suche nach einem Versteck.

Mina schrie auf. Ein empörter, verärgerter Schrei. Das Tier ließ sich davon nicht beeindrucken. Tirkan sprang zu ihr, packte die großen Scheren des Krebses und bog sie auseinander.

„Das hättest du mir aber sagen können! Bei allen Geistern des Wassers! Das tut ja gemein weh!" Mina schlenkerte den geschundenen Finger in der Luft herum. „So ein hinterhältiges, gemeines Ungeheuer!"

„Nur ein Krebs! Und nicht mal ein großer. Tauch den Finger gleich ins kalte Wasser, dann wird's besser." Er hatte den Flusskrebs am Rückenpanzer gepackt und setzte ihn in den Aufbewahrungsbehälter.

„Ich komm nicht mal dazu, mich zu freuen. Immerhin mein erster Krebs. Bist du schon oft gekniffen worden?"

„Fast jedes Mal!" Tirkan lachte. „Die Krebse hängen an ihrem Leben. Du würdest wohl auch kneifen, oder?"

„Und ob!", sagte Mina und kniff Tirkan in den Oberschenkel.

Die Sache geriet zu einem wüsten Gerangel, bis schließlich beide völlig außer Atem waren und vor Lachen keine Luft mehr bekamen.

„Wir haben erst drei Krebse", meinte Tirkan, „und wenn du wieder einmal mit mir zum Fischen willst, müssen wir uns für deinen Großvater schon mehr anstrengen. Er gibt Bernstein für Krebse!"

„Also los. Wie geht's weiter?" Mina hatte ganz rote Wangen und ihre Augen blitzten unternehmungslustig.

„Hier brauchen wir nicht mehr zu suchen." Tirkan sah sich nach den Fischkörben um. „Unser Getrampel hat die Tiere erschreckt. Wir befestigen Köderfleisch in den letzten drei Reusen und setzen sie aus."

„Aber die Krebse … Es ist nicht mehr lange hell. Hast du das bedacht?"

„Das ist es ja gerade. Wir zerschneiden die Fischköder und bereiten Köderbündel an Schnüren und Stöcken für die Nacht vor."

„Für die Nacht? Die bösen Geister …"

„Was für Geister? Ich denke, du glaubst nicht an böse Geister …"

„Ach, sei still und gib mir die Schnur!" Mina stach mit einer sehr feinen Nadel aus einem Vogelknochen durch die Köderfleischstücke, schob sie aneinander und beschloss dabei, nicht an die Dunkelheit zu denken. Es beeindruckte sie sehr, dass Tirkan so leicht davon sprach. Er musste den Krebsfang in der Nacht sogar schon allein ausprobiert haben.

Die geschlagenen Jungen gingen zurück zum Dorf, um einige Beulen und blutige Stellen reicher.

„Dafür wird Mina leiden! Und Tirkan büßen!", sagte Randok und befühlte die Wunden rund um seinen Hals.

„Ich war gleich gegen den Vorschlag mit der Spinne", meinte Rucke und sprach dabei ganz leise, denn sein Kopf dröhnte nach dem Schlag mit dem Bogen wie eine Trommel. „Jeder weiß doch, dass Mina außer sich gerät, wenn man ihr eine Spinne vors Gesicht hält. Und dann gleich schlucken? Ein Späßchen ist doch etwas anderes, etwas ganz anderes."

„Sei still. Hättest ja selbst einen Vorschlag machen können, alter Hohlkopf!", sagte Konge giftig. „Wie leicht hätte ich ersaufen können. Keiner von euch hat für mich auch nur einen Finger gerührt."

„Zwei Jammerer auf einmal sind mir zu viel!", sagte Randok. „Mit euch kann man ja nicht einmal einen Säugling erschrecken."

Mit trüben Gedanken liefen die Verschwörer am Fluss entlang in Richtung Dorf. Eine böse Schlappe. Außerdem war zu erwarten, dass es Stockhiebe gab, wenn der Dorferste Barin von dem Überfall auf seine Enkelin erfuhr.

An der Stelle, wo der Hügel mit seinem Ausläufer dem Fluss nahe kam, liefen die Jungen laut maulend dicht an Merurs Gruppe vorbei. Die Männer drückten sich am Waldrand ins Dornendickicht und ließen die Jungen unbehelligt vorbei.

„Hier muss am Fluss ein Pfad zum Dorf sein", flüsterte Merur. „Es sind den Stimmen nach Halbwüchsige. Lasst uns die Anhöhe hinaufgehen. Oben auf der Hügelkuppe suchen wir uns ein Versteck."

Es war sehr dunkel geworden und die Männer tappten vorsichtig durch das Unterholz im Wald. Sie blieben dicht beieinander, um sich nicht zu verlieren. Dieser Hügel war der zweithöchste in der ganzen Umgebung und mit dichtem Urwald bewachsen.

Schließlich war es Grigo, der das Versteck entdeckte. Unfreiwillig, stolpernd und mit wilden Flüchen. Ein gutes Versteck: sicher, schwer zu entdecken, leicht zu verteidigen, früher von einem Luchs bewohnt. Die Männer hatten Glück, dass das Raubtier schon vor langer Zeit sein Jagdgebiet verlassen hatte. Unter der Erde wurde ein Luchs noch gefährlicher.

4. Kapitel: Die Geschichte vom Anfang

Tirkan legte Minas aufgefädelte Köderschnur mit vielen Schlingen um seine gespreizten Finger, nahm sie dann ab und machte in der Mitte einen Knoten. Ein faustgroßes Köderbündel aus lauter Schlingen war entstanden. Aus dem Knoten lief eine einzelne, feste Angelschnur. Deren Ende war an einem armlangen Stock befestigt. Drei solche Köderbündel fertigten die beiden Krebsfänger an. Als sie damit fertig waren, wich die Abenddämmerung der Nacht.

„Was machen wir jetzt, Tirkan? Ich sehe kaum dein Gesicht."

„Das wird sich ändern. Du wirst merken, nach einiger Zeit siehst du besser. Wir warten noch eine Weile. Weißt du eine Geschichte? Ich würde gern eine hören."

„Die Bitte ist leicht zu erfüllen. Aber du hast mir noch immer nicht gesagt, warum wir die Krebse in der Nacht besser fangen können als am Tag. Ich sehe das Ufer nicht mal. Und dort sollen wir herumtasten und Krebse packen? Wenn du es mir nicht verrätst, erzähle ich auch keine Geschichte."

„Ich habe es mit Köderbündeln am Tag und in der Nacht ausprobiert", sagte Tirkan stolz. „Aber die Krebse bleiben am Tag in ihren Verstecken. Erst in der Dämmerung verlassen sie ihre Löcher und gehen auf Futtersuche. Wenn du ein Bündel dicht über dem Seeboden schwimmen lässt, kommen die Krebse. Aber du musst Geduld haben, bis sie sich gut mit den Scheren festhalten. Sonst lassen sie beim Hochziehen zu schnell los."

„Hast du denn keine Angst in der Nacht? Mir ist schon jetzt ganz unheimlich."

„Doch, Angst hatte ich genug. Aber mir ist nie etwas Böses geschehen. Die meisten Geräusche in der Nacht müssen von Tieren sein. Frösche sind am lautesten. Wie ist das jetzt mit der Geschichte?"

„Magst du eine Geschichte vom Anfang hören? Barin hat sie mir schon oft erzählt."

„Lass hören! Wenn sie zu lang ist, müssen wir unterbrechen und erst fischen."

Mina lehnte sich bequem mit dem Rücken gegen einen Erlenbaum.

„Am Anfang hatte die Allmacht die Tiere auf dem Land und im Wasser geschaffen. Das wurde ihr schließlich langweilig und sie gab einer Tiergruppe die Fähigkeit zu sprechen. Sie wollte hören, was sie von ihr dachten. Dieses Tier war der Mensch. Nun setzten die Menschen sich zusammen und beklagten sich über die Ungerechtigkeit der Allmacht.

‚Es ist ein Leid für uns zu leben', sagte eine uralte Menschenfrau. ‚Wir haben nur unsere Hände und Füße. Unsere Zähne sind rund und stumpf. Dagegen haben viele Wesen Krallen und Klauen. In den Mäulern tragen sie spitze und scharfe Reißzähne. Sie jagen und fressen uns, ohne dass wir etwas dagegen tun können. Viele unserer Kinder müssen sterben, denn sie laufen am langsamsten und können nicht so schnell in die hohen Bäume fliehen. Ist es nicht so?'

Alle anderen stimmten ihr zu.

Die Allmacht war enttäuscht und sehr böse auf die Menschen. Sie wütete mit Sturm, Blitz, Donner und

Flut gegen die Undankbaren. Und die fürchteten sich sehr.

In ihrer Furcht flehten die Menschen um Hilfe. Das besänftigte die Allmacht schließlich. Sie fand, dass doch etwas Wahres an den Klagen war. Deshalb ließ sie kleine Steine von den Berghängen rollen. Genau vor die Menschen. Sie nahmen diese besonderen Steine, spalteten sie zu scharfen Werkzeugen und schnitzten damit an Hölzern und Knochen. Zum ersten Mal vermochten sie harte Werkstoffe zu formen, die früher ihren Zähnen und Nägeln widerstanden hatten. So fertigten sie Nadeln und Ahlen, Keulen und Speerspitzen. All das entstand aus Knochen, Geweih, Holz und Stein.

Mit den neuen Jagdgeräten konnten sie sich mit den gefährlichsten und stärksten Tieren messen. Die Zeit der Rache begann. Die Menschen töteten viel mehr Tiere, als sie zum Essen brauchten.

Die Allmacht hielt einen langen Schlaf, denn sie musste sich nach ihrer großen Wut ausruhen. Als sie erwachte, waren die Menschen so zahlreich wie Ameisen und hatten die Tiere verdrängt. Nur im Wasser gab es noch viele. Zum Glück konnte der Mensch sich nicht lange genug unter Wasser aufhalten.

Eine große Traurigkeit überkam die Allmacht, denn die Menschen hatten nur genutzt, was sie ihnen selbst in die Hand gegeben hatte. Sie sah sich das Unheil nachdenklich an. Schließlich wusste sie, was zu tun war."

Mina machte eine Pause und fuhr sich mit der Zunge über die Lippen. Tirkan saß mit gekreuzten Beinen vor ihr und vergaß vor Aufregung das Fischen. „Red weiter, Mina. Was tat die Allmacht nun?"

„Nur der Eisgeist konnte helfen und die Menschen zur Vernunft bringen. Die Allmacht weckte ihn und befahl ihm, er solle mit seinem Atem die Wolken anblasen. So fiel lange Zeit Schnee in den Ländern, wo die Sonne tief am Boden über den Himmel zieht, und auch in den Bergen. Immer mehr Schnee fiel aufeinander und wurde festes Eis. Das Eis wurde ungeheuer dick und begann durch sein Gewicht zu gleiten. Es rutschte von den hohen Ländern in die flachen Länder. Nichts konnte es aufhalten. Wenn Menschen im Weg waren, schob das Eis sie einfach weg, walzte über Behausungen, es blieb kein Raum mehr. Den Tieren ließ die Allmacht dicke, warme Felle wachsen, damit sie die Kälte ertragen konnten. Den Menschen gab sie diesen Schutz nicht. Sie wurden durch die Kälte unbeweglich und konnten die starken, schnellen Tiere nicht mehr jagen.

Ja, die Tiere mit ihrem dichten Winterpelz waren den Menschen wieder überlegen. Viele Menschen mussten deshalb sterben.

‚Sie werden ihr Los tragen müssen', sagte die Allmacht. ‚Wer mehr tötet, als er zum Leben braucht, gehört nicht auf mein Land.' Die Allmacht beschloss, wieder zu schlafen, denn auch Traurigkeit machte sie sehr müde.

Es wäre den Menschen bald noch schlechter ergangen, wenn es nicht eine alte Feindschaft gegeben hätte: die Feindschaft zwischen Eisgeist und Feuergeist. Immer wenn der Eisgeist zu lange mit seinem Atem in die Wolken blies und Schnee auf Schnee fiel, wurde dem Feuergeist der Rücken kalt. Er bekam Schmerzen. Der Feuergeist erhob sich deshalb unter der Erde, um zu sehen, woher seine Schmerzen kamen.

Er stand auf, warf alle Steine von seinem Rücken. Auch machte er sie glühend und flüssig. Dann sah er sich um und bemerkte den Schnee des Eisgeistes. So erfuhr er, wer für seine Schmerzen die Schuld trug, und brüllte vor Wut. Sein Brüllen war so gewaltig, dass Tiere und Menschen weit vor ihm flohen. Nur zwei Menschen, eine Frau und ein Mann, flohen nicht. Die beiden hatten ein kleines Kind und fürchteten, es würde vor Kälte sterben. Deshalb fassten sie Mut, zogen sogar dem brüllenden Feuergeist entgegen, und sein Atem wärmte sie. Der Feuergeist wusste nur zu gut, dass der Eisgeist größer und stärker war als er. Er überlegte, was er tun könnte, um dem Eisgeist auch Schmerzen zu bereiten.

Da sah er die beiden Menschen mit dem kleinen Kind. ‚Sie gehen mir entgegen, also suchen sie Wärme. Wenn sie zu nahe kommen, werden sie verbrennen. Und doch … ich könnte die Menschen lehren, ein winziges Stück von mir zu lenken. Mutter Allmacht hat zwar verboten, den Menschen das Geheimnis von Feuer und Eis zu verraten. Aber vielleicht lernen die Menschen von mir, wenn ich einfach mein Herz nicht so heftig schlagen lasse, dass sie verbrannt werden. Sie müssen zunächst die Angst verlieren und meine guten Seiten nutzen. Wenn sie das können, werden die Menschen mich suchen und mir nachlaufen. Dann müssen sie meinen kleinsten Teil bewahren und am Leben halten. Und schließlich das kleine Feuer selbst erzeugen. Ich sehe schon, wie sie es mit sich tragen, wie sie es überall bewahren und erzeugen können. Und dann? Dann werden die Menschen auch auf den Rücken des Eisgeistes gehen. Ob er es wohl erträgt, wenn meine Kinder Löcher in seinen Leib schmelzen?‘

Der Feuergeist lachte und schüttelte sich. Aber nicht zu sehr, um die Menschen nicht zu vertreiben. Er streckte unter der Erde seine Finger aus und lockte das Menschenpaar an warme Quellen, die er mit seinem Blut erhitzte.

Er formte eine warme Höhle als Wohnung für sie, ließ die Erde fest werden und zog sein Blut ins Erdinnere zurück. Eines Tages lockte er sie dann hinter einen seiner Waldbrände. Sie fanden Tiere, deren Fleisch gegart, aber nicht völlig verkohlt war. Sie mussten an kleinen, noch lodernden Flammen vorbeigehen. So verloren sie die Angst vor dem Feuer. Später lernten sie, einen Teil zu bewahren und zu nähren, es mit sich zu tragen, und schließlich die Wege, es selbst zu erzeugen. Der Feuergeist hatte recht gehabt. Die Menschen wurden mit dem wärmenden Feuer als Hilfe zahlreicher und näherten sich in ihrem Hunger nach Jagdbeute immer weiter dem Eisgeist. Sie stiegen auf seinen Gletscherrücken, brannten Löcher hinein und trieben die anderen Tiere auf dem Eis gnadenlos vor sich her. Wieder kehrte sich das Schicksal gegen die Tiere. Der Mensch nahm mehr, als er brauchte.

Die Allmacht erwachte zum letzten Mal und wusste sich zunächst keinen Rat. Dann gab sie dem Eisgeist den Auftrag, nicht mehr zu blasen. So schmolz das Eis im Laufe der Sommer. Die Meere wurden größer und tiefer. Auch die Quellen, Bäche und Flüsse wuchsen, füllten Täler und Ebenen. Viele Lebewesen des Landes ertranken. Manche Tiere gab es schon nicht mehr, denn sie brauchten die Eislandschaften, die kalten Steppen zum Leben. Sie starben aus. Damit aber auch die Beute der Menschen, ihre Zahl verringerte sich schnell. Die Allmacht musste eine Entscheidung treffen. Sie wählte einen alten Stein und rief ein Menschenpaar zu sich.

Om und Kum kamen zu dem Stein, denn sie hatten den Ruf der Allmacht gehört. Sie gab ihnen Weisungen und Rat: ‚Jagt nicht ständig die anderen Wesen auf meinem Land. Macht euch manche von ihnen vertraut, wie ihr es mit dem Wolf vermocht habt. Achtet auf die Wesen, die in Herden leben. Bindet diese Tiere an euren Wohnplatz. Dort pflegt sie. Schert ihre Felle, ohne ihnen das Leben zu nehmen. Das Leben nehmt ihnen nur, wenn ihr Fleisch braucht. Verbindet die Haare der Felle miteinander und wärmt euch damit. Nehmt die Samen der Gräser, die euch schmecken, steckt sie in meinen Erdleib und wartet, bis die Gräser wachsen. Sie werden euch neue Samen schenken, die ihr essen sollt. Nehmt niemals alle Samen, denn ihr braucht immer etwas für die neue Saat im Frühjahr.‘

Die Allmacht drückte eine kleine Mulde in den großen Stein, füllte sie mit Erde und senkte ein Samenkorn hinein. Sie wies die Menschen an, diese Mulde mit Wasser zu versorgen und zu beobachten, was geschähe.

Om und Kum sahen das Wachstum der Gräser aus dem Korn vom Sämling über die Jungpflanze bis zur reifen Pflanze. Sie sammelten viele Samen in der Grasebene und suchten sich eine Stelle, wo nur wenige Baumwurzeln das Auflockern der Erde behinderten. Nach der Pflege und dem Wachstum der Gräser bekamen Om und Kum eine gute Ernte. Sie freuten sich, genug Körner für nahrhaften Brei und Fladenbrot zu haben. Auch suchten sie Tiere, die sich mit dem Menschen vertraut machen ließen. Bergziege und Wildschaf, Auerochse und Wildschwein fingen sie ein und gewöhnten die Tiere an feste Gatter und Ställe.

Oms und Kums Kinder und Kindeskinder führten ihre Arbeit weiter und lebten ebenso von Viehzucht und Feldarbeit wie von der Jagd. Die anderen Tiere konnten sich jetzt wieder vermehren und schenkten den Menschen Fleisch und Häute, wenn sie Not litten.

Die Allmacht war zufrieden. Bevor sie sich wieder schlafen legte, warnte sie Om und Kum: ‚Mein zweiter Sohn, der Feuergeist, hat nicht immer Gutes im Sinn. Er hat euch einen Teil seines Wesens gezeigt. Ihr müsst nicht frieren, könnt euch der großen Raubtiere erwehren und habt Licht, wenn der lange Winter kommt. Aber hütet euch davor, die Macht des Feuergeistes zu missbrauchen. Wenn seine Kraft euch entgleitet, wächst er und rollt über Wälder und Felder, als wäre die Sonne vom Himmel gefallen. Wendet ihr die Macht des Feuers gegen euch selbst, werdet ihr untereinander ewigen Streit auslösen. Bedenkt meinen Rat und haltet Maß mit meinen Gaben. Jedes Wesen in Land, Luft und Wasser hat das gleiche Recht zu leben wie ihr. In fernen Sommern werde ich wieder erwachen und sehen, was ihr vollbracht habt. Bis dahin wird mein erster Sohn, der Eisgeist, auf den Gebirgen und an den Enden der Welt bleiben.‘

Om und Kum hielten sich an diese Ratschläge der Allmacht. Erst die Kinder ihrer Kinder vergaßen sie und brachten ewigen Streit zu den Menschen. Niemand weiß, wann die Allmacht wieder erwachen wird.

Wenn aber die Allmacht den Eisgeist von den Bergen herabruft und ihn an den Enden der Welt wieder wachsen lässt, wird das Leben für uns Menschen sehr schwer.

Deshalb hoffen wir darauf, dass die Allmacht die Fehler ihrer Geschöpfe verzeihen mag, und geben ihr einen Anteil von Speise und Trank. Heute, morgen und für alle Tage, die sie uns auf ihrer Haut duldet. Den Toten geben wir ebenso Speise und Trank, um ihre Taten zu achten."

Mina schwieg. Tirkan atmete auf. Diese Geschichte vom Anfang hatte Barin ihm noch nicht erzählt. Es berührte ihn sehr, dass die Menschen die Ratschläge der Allmacht missachtet hatten.

„Wir haben doch das Feuer nicht gegen andere gerichtet, Mina. Glaubst du, wir werden für das Tun unserer Väter und Großväter bestraft?", fragte er unsicher.

„Ich habe die Geschichte so erzählt, wie ich sie von Barin gehört habe. Du wirst ihn selbst fragen müssen. – Jetzt sehe ich besser in der Dunkelheit. Werden wir nun Krebse fangen?", fragte Mina.

Tirkan sprang auf. „Das habe ich fast vergessen! Wir klettern wieder auf die Weide und halten dort die Köderbündel ins Wasser. Das Netz hängen wir an den oberen Ast, um den Fang sicher zu verwahren. Auf, Mina! Wir wollen Barins Magen mit Krebsen füllen."

Sie hielten sich an den Händen und halfen einander auf den Baum. Die Köderbündel schwebten leicht über dem Seegrund. Gespanntes Warten ließ sie auf alle Geräusche achten. Am Seerand grunzten, trommelten, röhrten und quarrten die Frösche ein Nachtkonzert. Ein schwerer Fisch sprang durch die Luft und fiel klatschend aufs Wasser. Mina schrak auf – gleich darauf zuckte es an ihrem Angelstock.

„Ich glaube, es beißt etwas. Soll ich hochziehen?", fragte sie leise.

„Warte noch etwas. Er muss sich richtig festgebissen haben, sonst fällt er dir wieder ins Wasser zurück. Ich halte das Netz offen. Siehst du den Netzrand? Du musst den Stock genau darüber schwingen", riet ihr Tirkan.

„Ich sehe sogar deine Hände. Soll ich jetzt endlich ziehen? Es zuckt immer wieder und auch stärker."

„Zieh hoch, langsam." Tirkan versuchte Minas Stockspitze auszumachen.

Zwei Krebse hingen am Köderbündel. In diesem Moment zuckte es auch an seinem Angelstock, den er mit der linken Hand hielt. Er hatte Mühe Gleichgewicht zu halten.

„Jetzt beißt es auch bei mir, Mina! Schnell, schüttle kräftig, dann fallen sie ins Netz!" Tirkan wurde vor Aufregung ganz warm.

Mina bekam das Netz und Tirkan zog sein Köderbündel hoch. Über dem Netzrand ließ der Krebs los und plumpste zu den anderen.

„So gefällt mir das!", jauchzte Mina. „Das ist ja leichter, als ich dachte."

Als der Morgen graute, hatten die beiden steife Muskeln und froren, dass ihnen die Zähne klapperten. Trotzdem gelang Mina zum Abschluss der größte Fang. Ein Aal verbiss sich im Köderbündel und landete im Netz, mindestens drei Pfund schwer. Damit war Mina in Tirkans Augen eine völlig gleichberechtigte Angelgefährtin. Ja, eine gewisse Bewunderung lag in seinem Blick, als sie den schweren Aal, ohne Aufregung erkennen zu lassen, im Netz versenkte.

5. Kapitel: Der Bote des Unheils

Merur und seine fünf Männer saßen in der Sicherheit des Verstecks und berieten ihren Plan. Brenk sollte eine Botschaft zu den Bauern bringen. Drohung und Erpressung war ihr Inhalt.

„Und wenn sie nicht darauf eingehen?", fragte ein Zwilling. „Wir wissen nicht einmal, wie viele es im Dorf sind. Wenn sie sich zusammentun und sich wehren, wird es schwer für uns werden."

„Wer hat etwas zu verlieren? Die Erdwühler oder wir? Außerdem, gehst du oder Brenk?", hetzte Grigo aus dem Hintergrund der Höhle und versuchte das Nachtfeuer in Gang zu halten. Er hatte eine scharfe Zunge, war aber im Grunde ein Feigling.

„Grigo hat recht. Brenk hat vorgeschlagen, allein zu gehen. Also wird er wissen, was zu tun und zu sagen ist. Hat jemand einen anderen Rat?" Merur sah sich im Kreis seiner Mitstreiter um. Waren sie wirklich alle seine Mitstreiter? Manchmal wurde Merur unsicher. Doch Nachdenken war nicht seine Stärke.

Brenk unterbrach selbstsicher Merurs Zweifel: „Genug geschwafelt! Zuerst mache ich einen Erkundungsgang. Nachher werde ich euch berichten, was ich gesehen habe. Bis die Sonne ihren höchsten Stand erreicht, bin ich zurück", sagte er und verließ das Versteck.

Harp schlief schlecht in dieser Nacht. In seinen Träumen verfolgte er ein Wildschwein. Von ihm in die Enge getrieben, setzte es sich mit den Hauern zur Wehr. Verschwitzt wachte Harp auf. Er lauschte in die Nacht. Nichts Verdächtiges war zu hören. Schlaf konnte der einsame Mann in seinem Wohnbaum nun aber nicht mehr finden.

Der neue Tag weckte Großvater Barin mit Schmerzen. Der Dorferste spürte die Morgenkühle in Knochen und Gelenken. Mürrisch wühlte er sich aus den Matten.

„Was treibt dich so früh auf die Beine?“, murmelte Großmutter Nuri schlaftrunken. „Willst du es nicht den Jüngeren überlassen, für Feuer und Speise zu sorgen?“

„Den Jüngeren?“, brummte Barin. „Hast du schon erlebt, dass sie die Arbeit suchen? Mir scheint eher, dass sie vor der Arbeit fliehen wie die Hasen vor dem Fuchs. Wenn man sich nicht um alles selbst kümmert, wird nichts Rechtes daraus.“ Er murrte und brummelte immer noch in seinen weißen Bart, als schon längst das Morgenfeuer knisterte und der Brei aus Getreide, Wurzeln und Räucherfleisch kochte.

Rucke hatte das Pech, Barin draußen zuerst über den Weg zu laufen.

„Oho! Rucke! Du kommst mir recht. Die Arbeit schreit nach einem Kerl mit deiner Kraft. Was ist mit deinem Kopf, willst du ein Nest darauf bauen?“

Der große Junge hielt sich als Linderung ein Bündel taufeuchtes Gras auf die Schwellung. Eine hühnereigroße Beule, dazu Kopfschmerzen – Rucke schwor sich: Nie wieder Späßchen mit Mina.

„Mit meinem Kopf?“ Er stellte sich dumm und hoffte darauf, dass Großvater Barin nicht genauer fragen würde. Darin hatte er sich getäuscht. Der Dorferste war selbst ein Junge gewesen, der Prügeleien nicht aus dem Weg gegangen war.

„Ich nehme an, du bist gegen einen Baumstamm gerannt, der plötzlich vor dir gewachsen ist? Oder hat dich gar ein Stein angesprungen?"

Schwindeln war nicht Ruckes Sache. Nach kurzer Zeit erfuhr Barin die ganze unrühmliche Geschichte vom Kampf am See.

„So, so. Ein Späßchen wolltet ihr machen. Nun, das ist euch ja mächtig gut gelungen. Euch Spaßmacher werde ich schon mit Arbeit versorgen. Ah, da kommt Randok. Ist dein Vater schon wach?", fragte Barin ihn streng.

„Der schläft im Webhaus und hat gebrüllt, ich soll verschwinden", antwortete Randok kleinlaut und zog den Kopf zwischen die Schultern.

„Es ist doch Neumond und kein Vollmond. Hat er wieder zu viel Gegorenes getrunken?"

„Ein ganzes Vorratsgefäß. Vor Mittag steht er nicht gerade auf den Beinen. Man kann nichts mit ihm anfangen", antwortete Randok traurig.

Barin sah den Jungen besorgt an. „Ich werde mit ihm sprechen, Randok. Er wird dich nicht mehr schlagen. Das verspreche ich dir. Aber lauf und hol mir den Nichtschwimmer dazu."

Randok, Konge und Rucke bekamen so viel zu tun, dass sie an diesem Morgen keine Zeit zum Nachdenken hatten: Wasser holen, Schafe und Ziegen melken, Getreide mahlen, Lehm graben … Kaum hatten sie einen Auftrag erledigt, kam Barin, prüfte das Ergebnis und gab eine neue Anweisung.

Brenk hatte das unterirdische Versteck mit dem ersten Tageslicht verlassen und beobachtete das kleine Dorf. Er saß im dichten Laub einer Ulme. Wie ein hässlicher Riesenvogel hockte er in einer Astgabel und zählte die Bewohner der Siedlung am See.

„Es sind zu wenige für ernsthaften Widerstand“, murmelte er. „Ich werde ihnen unsere Forderung in der Dämmerung stellen. Wirkt immer am besten. Der Weißbart scheint der Dorferste zu sein. Dann noch mindestens drei Männer, vier Frauen, ein paar Halbwüchsige und Kinder.“

Verächtlich spuckte Brenk aus und verzog die Lippen zu einem hämischen Lächeln. Er kletterte von seinem Beobachtungsplatz und kehrte zu den Kumpanen in das Versteck zurück, um ihnen das Gesehene zu berichten.

Mina und Tirkan waren hungrig und müde. Am Morgenfeuer wärmten sie sich. Mina schnitt einen Barsch mit einem scharfen Feuersteinabschlag auf, nahm die Eingeweide heraus und rieb Salz mit getrockneten Würzkräutern vermischt in die Bauchhöhle. Sie steckte einen Stab durch Kiemen und Schwanz, hielt ihn über das Feuer und drehte den Fisch langsam. Tirkan schob die Holzstücke so zurecht, dass unter dem Fisch nur Glut lag, damit die Flammen ihn nicht verbrannten. Mit großem Appetit starrten die Gefährten ins Feuer, lehnten sich leicht aneinander, spürten Zufriedenheit über den erfolgreichen Fischfang und genossen die Gemeinschaft. Einträchtig knabberten sie am heißen Fisch und versuchten, sich trotz großen Hungers nicht den Mund zu verbrennen.

„Barin wird uns loben", meinte Tirkan. „Unser Netz ist voller Krebse. Ich bin neugierig, was in dieser Nacht noch in die Reusen geschwommen ist. Da kann man die tollsten Überraschungen erleben."

„Und ich bin sehr müde. Lass uns bis Mittag schlafen und dann erst die Reusen ausnehmen. Bis es dunkel wird, sind wir sicher wieder im Dorf." Mina schluckte den letzten Happen Fisch herunter, spuckte die Gräten ins Gras und legte den Kopf in Tirkans Schoß. Er hatte zwar keine passende Stütze für seinen Rücken, wollte sich aber nicht rühren, damit sie ihren Kopf bloß da ließ, wo er war.

Das Wasser hatte im Lauf der Jahrtausende im Gipsberg ein verworrenes unterirdisches Reich geschaffen. Kammern und Gänge, Schächte und Spalten durchzogen den ganzen Hügel. An wenigen Stellen gab es Eingänge. Die meisten reichten nur den Fledermäusen als Ein- und Ausflug. Der Zugang, in den Grigo hineingetreten war, ließ gerade Platz genug für den Körper eines großen Menschen. Er lag unterhalb der westlichen Hügelkuppe zwischen zwei Felsbrocken und war nur durch Zufall zu entdecken. Ein geeigneteres Versteck hätte Merur für sich und seine Bande kaum finden können. Im Schutz des Verstecks saß Merurs Bande und sprach über Brenks Beobachtungen.

„Du wirst den Dörflern in der Dämmerung unsere Forderungen stellen, Brenk. Wir brauchen Korn, Fleisch und Feuersteinwerkzeuge. Das ist zunächst das Wichtigste", meinte Merur. „Bernstein ist auch bei ihnen zu vermuten, der gibt für uns eine gute Tauschware ab. Vielleicht fertigt jemand dort Felsgesteinwaffen. Die Bauern sind nicht einmal 15 Köpfe, darunter Halbwüchsige und Kinder. Sie werden uns keinen ernsthaften Widerstand entgegensetzen.“

„Was ist, wenn sie Brenk mit Gewalt halten wollen?“, fragte Lonn.

„Dann werden die Erdwühler noch an diesem Abend eine Totenklage anstimmen, vielleicht auch mehrere. Oder glaubt ihr vielleicht, das sind ernsthafte Gegner für mich?“, antwortete Brenk kalt.

Merur schlug sich lachend auf die Schenkel und rief: „Brenk, du machst es richtig! Nur die Zaghaften fragen nach Wenn und Aber, bevor sie handeln. Solltest du nicht zurück sein, bis unser Feuer ausgebrannt ist, schlagen wir dich heraus.“

„Das wird nicht nötig sein. Lasst mir Zeit!“ Brenk schlängelte sich aus dem schmalen Höhlenspalt und tauchte im Dickicht unter.

Eines Tages wird Brenk an den Richtigen geraten, dachte Lonn. Wenn es überhaupt eine Allmacht gibt, die unsere Taten beobachtet, müsste Brenk in ihren Augen sein Leben vielfach verwirkt haben.

So ähnlich dachten auch die Zwillinge, doch alle drei hielten den Lauf der Dinge nicht auf.

Harp streifte durch den alten Wald und überprüfte seine Fallen. An diesem Tag hatte er kein Glück. Ein Fuchs hatte zwei Schlagfallen geplündert, ohne dass er von den schweren Steinplatten erwischt worden wäre.

Ein schlauer Jäger, dachte Harp, ich muss die Stützen anders aufstellen, sonst entkommt er immer wieder mit den Ködern. Schade, heute hätte ich gern wieder das Dorf besucht und Fleisch gegen Brot eingetauscht. Aber daraus wird nichts. Außerdem soll Tirkan noch vor dem nächsten Mondwechsel sein Boot mit mir machen. Zuerst muss ich meinen Vorrat an Beilklingen vergrößern. Heute richte ich mir Beilrohlinge am Strand.

Am Wohnbaum angekommen, nahm er seinen Beutel und legte Schlegel und Meißel aus Holz und Geweih hinein. Dann holte er Räucherfleisch, Brotfladen und Wasserflasche, griff Köcher und Bogen. So ausgerüstet machte er sich auf den Weg zur Küste.

Am Kliff, einem etwa 15 Meter hohen Steilufer, suchte er nach Rohstein für die Beilherstellung: nach länglichen, flachen Feuersteinstücken, die schon die Grundform einer Beilklinge hatten. Als er genug Steine gesammelt hatte, setzte er sich damit in den Windschutz eines großen Felsbrockens.

Mit einem harten Stein aus Granit bearbeitete Harp die Feuersteinknolle, bis daraus eine grobe Beilform entstanden war. Die Feinarbeit am Rohling machte er mit Hirschgeweihmeißel und Holzhammer. Ganz am Ende kam die mühsame und lange Schleifarbeit.

Während er die Feuersteinknolle bearbeitete, nahmen Mina und Tirkan die Fischreusen aus. So verging der Nachmittag und das Unheil rückte dem Dorf näher.

Barin hatte für die drei Jungen am Nachmittag eine besondere Beschäftigung gewählt. Sie sollten die Werkstoffe für einen neuen Backofen herbeischaffen. Dazu mussten sie eine große Menge Lehm graben und zum Dorf tragen. Außerdem brauchte man sehr viele Steine,

aus denen der Ofenmantel aufgeschichtet wurde. Es stellte sich heraus, dass Randok im Setzen der Steine der Geschickteste war. Er war schneller mit den Steinen fertig, als Konge und Rucke sie anschleppen konnten.

Am Dorfrand kläffte Barins alter Hund dreimal wütend auf. Dann wurde es wieder still. Großvater Barin hob erstaunt den Kopf und lauschte. Der Hund hatte wohl eine Ratte aufgestöbert. Barin wendete sich wieder Randok zu, der mit der inneren Lehmverkleidung des Backofens begann und auf dem Rücken in der Steinkuppel lag. Rucke und Konge waren noch unterwegs.

„Könnte ein schöner Ofen werden …", sagte plötzlich eine fremde Stimme hinter dem Alten, der sich auf einen Holzhocker gesetzt hatte, um sich auszuruhen.

In einer geschmeidigen Bewegung war Brenk zwischen ihm und dem Ofen und trat hart gegen Randoks Beine. Erschrocken schrie der Junge auf. Er konnte nicht sehen, was vorging.

Der Dorferste sprang auf.

„Komm raus und verzieh dich, Bengel. Hier bist du jetzt überflüssig", sagte Brenk.

„Fremder!", sagte der alte Mann. Er drückte die Worte zwischen seinen Zähnen hindurch: „Wer bist du? Warum dringst du hier ein und wahrst nicht die Höflichkeit des Besuchers? Ein Ruf am Dorfrand hätte doch genügt, dich anzukündigen."

„Habt ihr denn nicht euren Hund gehört?", fragte der Fremde. Seine Stimme klang heimtückisch und bedrohlich. „Er bellte doch laut genug, wenn ich ihm auch keine Gelegenheit gegeben habe, es lange zu tun."

Barin erschrak. Um sein Herz legte sich die Furcht wie eine eisige Klammer. Er versuchte, seine Stimme fest klingen zu lassen: „Wer du bist, habe ich gefragt. Da du offensichtlich nicht als Gast kommst, frage ich weiter: Was willst du? Randok! Hol die Männer! Sofort!"

„Der Junge geht ins Haus, sonst könnte ich zornig werden“, sagte der Fremde und holte die Scheibenkeule hinter seinem Rücken hervor. „Und ich werde schnell zornig. Deshalb ist es gut, wenn du fragst, was ich will. Aber nicht gut, wenn du fragst, wer ich bin. Wenn ich dir diese Frage erlaubt hätte, müsste sie auch heißen: Wer seid *ihr?* Du verstehst mich?“

Barin schwieg und der Junge schlich ins Haus. Sie spürten die Gefahr, die von diesem Menschen ausging, wie körperlichen Schmerz.

Barins Augen prüften die sichtbare Ausrüstung des Fremden. Er trug einen Gürtel mit Feuersteinmesser und Ledertasche. Keinen Bogen. Aber den konnte der Kämpfer auch am Dorfrand abgelegt haben, um nicht gleich aufzufallen. Die schwere Scheibenkeule genügte ja. Der Fremde ließ seine Waffe flink ums Handgelenk kreisen. Kein Spiel – es sah bedrohlich aus. Und es war bedrohlich gemeint.

Sonst hatte der Mann nichts Auffälliges an sich, wenn man von den langen, hellen Haaren absah, die im Nacken zu einem Knoten verschlungen waren.

„Du verstehst mich also, alter Mann?“, sagte Brenk mit gedehnter Stimme. „Morgen finde ich Brot, Fleisch und reichlich Gegorenes an dem Platz, wo ihr eure Toten verscharrt. Habt ihr ein großes Steingrab?“

Barin schüttelte den Kopf. Dann sagte er hastig – und tat dabei mit Absicht eingeschüchtert: „Ein großes Steingrab wurde uns nicht erlaubt. Die Ersten in der Festung haben …“

„Schweig still! Behalte deine Ersten für dich!“, unterbrach ihn Brenk. „Für dich sind wir jetzt die Ersten. Wo also setzt ihr die morschen Knochen eurer Erdwühler in den Boden? Genau dort finde ich morgen beim ersten Sonnenstrahl meine Geschenke. Es könnte sonst dem Feuergeist gefallen, euch seinen Finger in die Dächer zu stecken."

Barin zuckte unter der schweren Beleidigung der Toten wie unter einem Hieb zusammen. Die Brandstiftung kam als Drohung dazu. Mühsam beherrschte sich der kluge alte Mann. Es war sinnlos, sein Leben zu riskieren. Der Räuber war jünger, schneller und hielt seine Waffe bereits in der Hand.

„Auf dem ersten Hügel in der Richtung, wo die Sonne niemals steht, findest du einen großen Stein. Um ihn sind die Ruheplätze unserer Toten. Den Hügel umschließt ein Ring von Steinen. Wo der Steinkreis unterbrochen ist, in Richtung des Sonnenaufgangs, werde ich dir das Geforderte übergeben. Du warst deutlich genug. Störe den Ruheplatz unserer Toten nicht. Sie nehmen Einfluss auf das Geschick der Lebenden, wenn man sie missachtet."

„Alter Mann, ich verstehe, du bist der Allmacht schon sehr nahe", sagte Brenk voller Hohn. „Wenn deine Geschenke nicht am Platz stehen, werde ich mein Wasser auf deinen geheiligten Stein lassen. Beim ersten Morgenlicht sehen wir uns."

Ohne Furcht vor einem Angriff von hinten drehte sich Brenk um und verließ die kleine Siedlung am See.

Konge und Rucke kamen um die Hausecke geschlichen. Sie sahen dem fremden Mann wie gelähmt nach.

„Wir haben alles mitangehört, aber was konnten wir tun?", fragte Konge.

„Schon gut, Konge. Das war klug so. Geht die Männer von den Feldern holen. Wir werden uns fügen müssen. Einem Angriff mit Feuerpfeilen in der Nacht sind wir hilflos ausgeliefert."

Schwer setzte sich der alte Mann und stützte den Kopf in die Hände. Seine Ahnung war also richtig gewesen. Das Unheil war da.

Mina und Tirkan gingen schwer bepackt mit Fisch und Krebsen am Fluss entlang. Der Zufall wollte es, dass sie Brenk begegneten.

Er hörte die beiden jungen Leute und versteckte sich schnell hinter einem Baum, die Scheibenkeule in der Hand. Als sie eilig an ihm vorbeiliefen, sprang er hinter dem Baum hervor und packte Mina am Nacken. „Wohin so eilig?"

Das Mädchen schrie auf und wand sich unter dem schmerzhaften Griff.

„Wir wollen ins Dorf. Wer bist du? Lass sie los, Fremder!" Mutig stürzte sich Tirkan auf Brenk. Brenk schlug hart mit der freien Faust zu. Tirkan fiel in den weichen, schlammigen Boden und blieb ohnmächtig liegen.

Brenk zerrte das Mädchen mit sich. „Wenn du schreist, wirst du sterben!", zischte er und stieß Mina vor sich her. Sie verschwanden im Unterholz.

6. Kapitel: Die Festung

Harp war mit seiner Arbeit fertig geworden und erreichte kurz vor Einbruch der Dämmerung das Dorf. Barin saß vor seinem Haus und der hagere Mann spürte sofort, dass etwas geschehen war.

Erleichtert begrüßte Barin Harp und berichtete von der Erpressung. „Fremde sind da. Sie wollen uns berauben und drohen mit Brand. Was soll ich tun?“, fragte der Dorferste.

Harp wollte alle Einzelheiten wissen. Als er von der Waffe des Erpressers hörte, wurde er blass und starr.

„Gebt den Fremden, was sie wollen, Barin. Alles, was sie wollen! Wir wissen nicht, wie viele es sind. Aber allein ist dieser Mann gewiss nicht. Keinen Widerstand leisten! Solchen Räubern habt ihr wenig entgegenzusetzen. Vertraue mir. Ich werde für Hilfe sorgen. Wo ist Tirkan? Er soll mich begleiten!“

„Der Junge müsste schon längst zurück sein“, antwortete Barin voller Sorge. „Er ist mit Mina für zwei Tage an die alte Lagune zum Krebsfang gegangen.“

Harp sprang auf und rief Barin zu: „Halte dich an meinen Rat! Ich gehe den beiden entgegen.“

Er rannte zum Fluss.

Tirkan stand benommen an einen Baum gelehnt, würgte und spuckte. Blut vermischte sich mit Tränen und lief über sein Gesicht. So fand ihn Harp.

„Junge, was ist geschehen?“ Er wischte ihm das Gesicht ab. Tirkan berichtete von dem Angriff und schweigend hörte der hagere Mann dem Jungen zu. Bevor das letzte Licht schwand, suchte Harp nach den Spuren im Flusslehm. Seine Augen loderten, als er in Brenks Fußabdrücke starrte.

Harp brachte Tirkan ins Dorf zurück. Niemand hatte dort rechten Hunger. Barin konnte sich nicht einmal über die Krebse freuen.

Harp schärfte noch einmal allen ein, um der Allmacht willen dem Fremden keinen Widerstand entgegenzusetzen. „Haltet zwei Tage aus. Ich kehre zurück. Und ich verspreche euch, die Räuber werden nur kurz Freude an den Früchten eurer Arbeit haben. Kümmert euch um den Jungen. Er hat einen schweren Schlag einstecken müssen." Der hagere Mann verschwand in der Dunkelheit.

In der Morgendämmerung wachte Tirkan frierend auf, griff nach Köcher und Bogen. Dann schlich er aus dem Dorf. Er folgte Minas und Brenks Spuren am Fluss. Niemand bemerkte es.

Die Festung lag auf einer Anhöhe, dicht an der Grenze zwischen Flachland und Hügelland. Das Flachland war vom Meer geschaffen worden. Das Hügelland dagegen war von den Gletschern der vergangenen Eiszeiten geformt. Von hier aus hatten die Bewohner der Festung einen weiten Ausblick über die Umgebung. Es herrschte große Betriebsamkeit auf dem Hügel hinter dem Schutz von Erdwällen, Holzpalisaden und gestaffelten Verteidigungsgräben. Ein Holzturm über dem Tor bildete den Haupteingang. Man musste den Kopf in den Nacken legen, um die Wächter auf der Aussichtsplattform hinter der Brustwehr sehen zu können. Das aus Eichenstämmen gezimmerte Schiebetor war offen.

Die Bauern der Umgebung brachten schon im ersten Morgenlicht Getreide und Schlachttiere zum Tor. Außerdem alle essbaren Früchte und Geschenke der Natur, von den Händen der Menschen gesammelt und zu schmackhaften Speisen aufbereitet. Das große Erntefest wurde vorbereitet. Der Dank der Bauern an die Allmacht sollte auch den Menschen selbst dienen. Dieser Herbst hatte eine reichliche Ernte eingebacht.

Das uralte Paar saß auf einem gezimmerten Holzgerüst. Nach und nach brachten die Bauern ihre Güter in Körben, Tongefäßen, Lederbeuteln und Holzbehältern in die Festung. Zufrieden beobachteten Om und Kum die reichlichen Gaben und begrüßten die Leute.

In dieser Festung hießen die Ersten immer Om und Kum. Nach der Sage hatten Om und Kum als Erste von der Allmacht die Nutzung von Getreide und Haustieren erlernt. Wenn die Ältesten starben, wurden die geachteten Namen auf ihre Nachfolger übertragen.

Om war wirklich uralt. Keiner in der Siedlung auf dem Hügel wusste genau, wie viele Sommer und Winter Oms Rücken gekrümmt hatten. Aber sein Geist war nicht gealtert. Er lenkte mit seiner Frau Kum die Angelegenheiten des umgebenden Hügellandes zur Zufriedenheit aller. Manche klagten zwar über seine Strenge, andere über die Abgaben, die alle an die Bewohner der Festung zu erbringen hatten. Aber sie genossen den Schutz einer Gemeinschaft: einer Bauerngemeinschaft, die an Häuser und Felder gebunden war und ihr Hab und Gut gegen Raub und Überfälle verteidigen musste. In Zeiten der

Gefahr wurden die Verteidigungsanlagen auf dem Hügel eiligst in wehrhaften Zustand versetzt, Gräben neu ausgeschaufelt und die Erdwälle mit dem Aushub erhöht.

Voller Freude und Zuversicht beobachtete Kum zwei kleine Kinder, die sich um ein Stück geräuchertes Hammelfleisch stritten und dabei erstaunlich viel Lärm machten, wie zwei Kater, die sich prügeln.

Hinter den beiden Alten stand eine große, muskulöse Frau. Ihr Gesicht war verschlossen und kühl. Kum zeigte auf die beiden Kleinen, deren Vater dazugekommen war, um den Streit zu schlichten. Mit einem Feuersteinmesser schnitt er das Räucherfleisch schnell und entschlossen in zwei gleich große Stücke, hielt sie lachend hoch, sodass die beiden Kleinen hüpfen mussten, um an die begehrte Nahrung zu kommen.

Auch die große Frau lächelte jetzt. Wenn sie nicht im Gesicht mehrere schlecht verheilte Narben gehabt hätte,

wäre sie eine schöne Frau gewesen. Sie hieß Mindara und ihre Kleidung und Ausrüstung wiesen auf eine Kämpferin hin. Ungewöhnlich in dieser Zeit, denn die Frauen führten selten Bogen, Speer oder Axt. Mindara hatte ihre Zwillingsschwester Mankit verloren. Sie war mit einer Scheibenkeule getötet worden.

Harp war die ganze Nacht gelaufen und erreichte die Festung, als die Sonne fast am höchsten stand. Aufgeregte Rufe drangen bis zu Om und Kum, als er das Tor durchschritt.

Die Wächter des Tores begrüßten Harp freundlich und mit Respekt. Er mied ihre Fragen und ließ sich zu den Alten führen.

„Lange warst du nicht mehr bei uns. Du hast mir gefehlt, Tochtermann!“, rief die alte Frau vom Gerüst, stemmte ihren runden Leib hoch und öffnete die Arme zur Begrüßung.

Om stand ebenfalls mit Mühe auf und versuchte, sein gekrümmtes Rückgrat möglichst schonend zu strecken. „Das ist wahr, Tochtermann! Das bleibst du immer für mich, auch wenn sie nicht mehr lebt. Du mürrischer Einsiedler! Wo ist deine neue Frau? Wo ist dein erstes Kind? Willst du etwa weiter einsam leben? Kum liegt mir seit vielen Monden in den Ohren, ich solle dich mit Gewalt aus deinem Versteck herzerren lassen!“

Es tat Harp im Herzen weh, ihre Fröhlichkeit mit einem Satz zu verderben. Zuerst umarmte er Kum. Dann drehte er sich zu Om, legte seinen Kopf an dessen Schulter und sagte leise: „Sie sind wiedergekommen. Du hattest recht.“

Om klatschte in die Hände und sagte: „Der Familie ihre ungestörte Gemeinsamkeit und Ruhe. Wir gehen ins Haus."

Om und Kum, ihre Tochter Mindara und Harp setzten sich auf Holzbänke an die größte Feuerstelle im Haus. Ein Mädchen und ein Junge versorgten das Feuer mit neuem Brennholz, stellten zwei Tongefäße mit Schmalz und Honig daneben. Dazu einen Korb mit runden Brotfladen und Haselnüssen. Aus einem großen Tonkrug mit Gegorenem füllten die beiden Rindenbecher und reichten sie herum.

„Lauft und nutzt den Tag, euch für das Erntefest vorzubereiten!", rief Kum den beiden Kindern zu. Fröhlich liefen die beiden aus dem Langhaus und warfen die Tür zu, dass das Feuer flackerte.

„Erzähle!", drängte Mindara. „Du glaubst nicht, wie langweilig es hier in der Festung ist. Kein Mann, der sich traut, um mich zu werben. Sie können mir nicht einmal lange in die Augen sehen. Da soll eine Frau fröhlich bleiben. Was hast du erlebt?"

„Erzähl schon, Harp!", drängte auch Kum. „Wir vergehen vor Neugier!"

„Lasst ihn seine Gedanken sammeln und erst einen Schluck trinken. Die Ungeduld ist eine der schlimmsten Eigenschaften von euch Frauen", meinte Om und nahm einen kräftigen Zug aus seinem Becher.

„Sie sind wiedergekommen. Om hatte recht. Ich muss sie suchen und töten", sagte Harp.

Es wurde sehr still in dem großen Raum. Die Flammen zuckten und das Holz knisterte. Der Feuerschein färbte Harps Gesicht. Kum zog ihren Wollumhang enger, als wäre ihr kalt. Mindaras Kopf ruckte nach vorn wie der eines Raubvogels, der seine Beute erspäht.

Sie ist so anders als Mankit, dachte Harp. Manchmal macht sie mir Angst.

Schließlich sagte Kum in die Stille: „Bist du sicher? Gibt es einen Beweis?“

„Welchen Beweis willst du mehr als die gleiche Spur? Du wirst mir wohl glauben, dass ich lange genug diese Abdrücke angestarrt habe. Es sind die Fußabdrücke von Mankits Mördern. Einer trägt als Waffe eine Steinkeule mit Scheibenkopf, wie sie manche auch als Zeichen der Würde und Macht haben. Ihr wisst, diese Waffe ist selten. Er führt sie noch immer. Ich täusche mich nicht.“

„Berichte alle Dinge genau, die du gehört und gesehen hast“, sagte Om bedächtig.

Harp berichtete von der Erpressung, der Entführung und den Drohungen gegen das kleine Dorf am See. Alle Einzelheiten, die er von Barin wusste.

Als er endete, sagte Mindara: „*Du* wirst sie nicht töten, Harp. Die Rache gehört mir, der Schwester. Am selben Tag geboren, im Herzen ein Teil von mir. Om und Kum haben uns verboten, auf die Insel zu ziehen und die Mörder zu suchen. Jetzt hat sie die Allmacht selbst herkommen lassen. Es ist *meine* Rache!“

Harp schwieg und sah die beiden Alten an.

„Sie werden gerichtet“, sagte Om. „Mindara hat recht. Wir wollten keinen Krieg mit den Bewohnern der Insel beginnen. Deshalb unser Verbot. Jetzt gilt anderes. Du sollst sie anklagen, Harp, Mindara soll sie richten.“

Harp beschloss, dieses eine Mal Oms Weisung zu missachten. Es war *seine* Rache!

„Ihre Köpfe werden als Warnung für alle Mörder auf einen Pfahl gesteckt“, fuhr Om fort. „Werft ihre Leiber in den bösen Graben. Futter für die Hunde.“

„Und ihre Geister sollen keinen Weg und keine Ruhe bei der Allmacht finden“, sagte Kum. „Die Räuber kamen gewiss mit Booten. Sucht ihre Boote und setzt eines mit seiner Keule darin an den Strand der Insel. Die Inselleute werden es zu deuten wissen.“

Sie schwiegen.

„Wie viele Räuber sind es?“, fragte Mindara.

„Das weiß ich nicht sicher. Aber allein ist der Erpresser nicht“, antwortete Harp.

„Ich rufe meine Gefährtinnen Sirin und Nuran, die besten Späherinnen der Festung. Auch wenn ihr Männer das nicht gern hört“, sagte Mindara. „Wir werden die Farbe der Knochen tragen, die Farbe der Trauer, und am Tor auf dich warten.“

„Zehn Männer der Festung gehen noch mit. Sollten die Räuber dann noch in der Überzahl sein, wagt nichts. Wir können schnell genug Verstärkung schicken. Aber es werden nur die gerichtet, die das Leben von Mankit genommen haben. Setzen sie sich jedoch zur Wehr, nehmt allen das Leben“, beschloss Om ihre Entscheidung.

7. Kapitel: Getrennte Wege

In der Höhle herrschte Streit. Laute, wütende Stimmen brandeten durcheinander. Mina saß gefesselt in eine Nische der Höhlenwand gepresst. Sie verfolgte jedes Wort und empfand Angst und Wut zugleich.

„Ihr wollt mit dem Leben einer Halbwüchsigen drohen?“, rief ein Zwilling. „Und wozu? Die Bauern geben uns doch, was wir fordern … Warum noch eine Geisel?“

„Wir wollen alles!“, sagte Brenk kalt und Grigo setzte hinzu: „Es geht um die nächsten Monde, begreife das endlich, den ganzen langen Winter. Wir wollen gesichert sein und das kleine Dorf regelmäßig zur Ader lassen. Dafür ist eine Geisel von Nutzen, denn sie werden das Mädchen wiederhaben wollen“, verteidigte er Brenks Tat.

„Seid ihr wirklich so dumm zu glauben, dass wir uns lange in dieser Gegend halten können?“, setzte der andere Zwilling hinzu. „Das Leben nur durch Raub und Erpressung fristen, aus diesem Versteck heraus? Es wird weniger als einen halben Mondlauf dauern, dann werden die Bauerngemeinschaften sich zusammenschließen, uns suchen und jagen.“

Minas Augen flogen zwischen den Sprechern hin und her. Inzwischen hatte sie sich an das Halbdunkel gewöhnt. Ihre Gelenke schmerzten. Grigo hatte sie mit nassen Lederschnüren gefesselt. Die Fesseln trockneten jetzt an der Haut und zogen sich dabei fester zusammen. Ein kleines, fast rauchloses Feuer beleuchtete die Gesichter der Männer. Einen hatte Mina bisher nicht im Licht gesehen. Er hatte noch kein Wort gesagt.

„Was ihr auch tun werdet, es geschieht ohne mich!“, rief der erste Zwilling. „Ich habe meine Heimat nicht verlassen, um hier gejagt zu werden und elend zu sterben.“

„Verräter! Dann stirb hier und jetzt!“ Brenks Hand stieß vor – sein Steinmesser sollte sich in den Bauch des Zwillings bohren. Gleichzeitig zuckte eine große Hand von der Seite heran, packte Brenks Arm am Gelenk und riss den Mann nach vorn auf das Feuer zu. Unbarmherzig drückte sie seinen Arm über die Flammen. Mit einem Schrei ließ Brenk die Waffe fallen. Das Messer zersprang

knallend in der Glut. Feuerstein vertrug die plötzliche Hitze nicht. Die kostbare Waffe, Brenks Stolz, wurde zu weißen Bröckchen.

Mina erschrak und biss sich auf die Zunge, als Lonns Gesicht im Feuerschein auftauchte und seine tiefe, dröhnende Stimme die Höhle füllte: „Die Keule weg, Brenk! Oder soll ich deine Hand noch tiefer halten?“

Mina schluckte das Blut im Mund herunter und betrachtete dieses neue Gesicht. So etwas Merkwürdiges hatte sie noch nicht gesehen. Der Kopf dieses Mannes war schief, als hätte ein schweres Gewicht auf ihm gelegen, die Nase groß und vorspringend wie ein Adlerschnabel. Aber die Augen waren das Ungewöhnlichste: Sie blickten in verschiedene Richtungen. Mina musste unwillkürlich an eine Flunder denken. Ein Auge stand vor und schien dunkel, das andere schien hell zu sein. Beim Mund hatte die Allmacht ein gefälliges Maß gewählt. Lonns Mund war weich geschwungen. Wenn er ihn öffnete, sah man die gesunden und großen Zähne. So hatte sich Mina immer einen üblen Nachtgeist vorgestellt.

„Dafür wirst du mir büßen!", zischte Brenk und starrte Lonn voller Mordlust an.

„Was soll das?", brüllte Merur. „Ich habe das erste Wort! Könnt ihr nicht Ruhe geben?"

„Macht euren Weg auch ohne mich! Ich gehe!", sagte Lonn und bewegte sich auf Mina zu. Das Mädchen kroch so tief wie möglich in die Felsspalte hinein, als der große Körper ihr bedrohlich näher kam.

Lonn nahm sich seinen Beutel, der dicht neben Mina lag. Sie spürte, wie seine Hand etwas unter ihr Bein schob.

Die Zwillingsbrüder nickten sich zu. „Wir gehen mit dir!", sagte der eine entschlossen und der andere setzte hinzu: „Ihr werdet uns nicht aufhalten!"

Brenk pfiff verächtlich durch die Zähne und spuckte aus.

„Was ist in euch gefahren?", rief Merur. In seiner Stimme klang Unsicherheit mit. „Sind die Männer von der Insel so uneins, dass sie kein Zutrauen mehr zu ihrem Anführer haben?"

„Du bist nie wirklich unser Anführer gewesen", rief ein Zwilling vom Eingang her. „Deine Kraft ist größer als dein Verstand."

„Verschwindet! Bevor ich mich vergesse!", schrie Merur und warf den dreien einen Stein nach.

„Lass sie!", sagte Grigo. „Es lohnt nicht, ihnen die Ehre der Aufmerksamkeit zu geben." Mit solchen Worthülsen konnte er umgehen. „Wir brauchen keine Hilfe, um mit den paar Dorfleuten fertig zu werden."

Damit war die Gruppe der Männer von der Insel gespalten.

Mina hatte sich inzwischen so bewegt, dass sie den Gegenstand, den ihr Lonn untergeschoben hatte, trotz ihrer gefesselten Hände fühlen konnte: eine Feuersteinklinge, zweimal so lang wie ihr Daumen, an beiden Seiten ungeheuer scharf. Ein Werkzeug zur Flucht!, dachte sie und Hoffnung ließ ihr Herz schneller schlagen. Die Fesseln aufschneiden, wenn die Aufmerksamkeit des Wächters erlahmt, vorsichtige Bewegungen machen … Nur, wie komme ich aus der Höhle heraus? Gibt es noch andere Ausgänge? Minas Gedanken rasten. Warum hat mir der hässliche Mann ein Werkzeug zur Flucht gegeben? Ist es womöglich eine Falle?

Tirkan folgte den Spuren am Fluss zunächst mühelos. Bis der Boden fester wurde. Er verlor die Spur, als die Fußabdrücke von Mina und dem Fremden auf den Kies führten. Hierin drückten sich keine erkennbaren Spuren ein. Er stand ratlos und unschlüssig da.

Als Tirkan auf den Schilfgürtel blickte, kamen ihm seine eigenen Wünsche in den Sinn. Er erkannte Brenks List, bevor er den Beweis für seine Ahnung fand.

Brenk hatte Mina ins Wasser gedrängt. Als sie sich am Uferstreifen unbeholfen stellte, hatte er sie grob hinter sich her gezerrt. Auf dem Weg zu den Booten ging er zwar am äußeren Schilfrand entlang, um keine deutlich sichtbare Spur im Schilf zu hinterlassen. Er versäumte aber, darauf zu achten, was seine Gefangene tat. Mina knickte mit der freien Hand so viele Schilfhalme um, wie sie erwischen konnte.

Als Tirkan jetzt diese auffälligen Zeichen im Uferbewuchs sah, wusste er genau, auf welche Weise der Entführer seinen Weg fortgesetzt hatte, und war sehr niedergeschlagen.

Ein Boot also. Das hätte ich mir denken können. Sie sind sicher von der großen Insel gekommen. Wie damals, als Harps Frau erschlagen wurde. Ich habe keine Möglichkeit, ein Boot zu verfolgen. Wohin bringt der Fremde Mina? Vielleicht will er sie zur Frau? Tirkan überlief der Zorn wie eine heiße Welle.

Wenn sie aber Nahrung und Ausrüstung erpressen, können sie sich nicht allzu weit entfernt verbergen …

Seine Gedanken drehten sich im Kreis und er musste dem ein Ende machen. Mir bleibt jetzt nur, flussauf- oder flussabwärts zu gehen. Am Ufer Ausschau halten, bis ich die Spur wiederfinde.

Der Junge entschied sich für den Weg zur Küste. So entdeckte er die Stelle, wo Brenk und Mina wieder an Land gegangen waren. Die Spuren waren deutlich in den Uferlehm eingedrückt. Hinter einer Flussbiegung und mitten im Schilfgürtel versteckt lagen die beiden Boote. Tirkan sah sie erst, als er auf einen Baum stieg und die Suche von oben anging. Außer sechs Paddeln und zwei kräftigen Bastseilen enthielten sie keine Ausrüstung.

Es sind also sicher sechs Männer, dachte Tirkan. In den Booten ist so viel Platz, dass es sogar acht sein könnten. Diese Möglichkeit, schnell zu verschwinden, werde ich ihnen gründlich verderben.

Er glitt ins Wasser und schwamm zu den Booten, zog sie mit einiger Anstrengung aus dem Schilf, hängte sich eines in Schlepp und paddelte in dem anderen kräftig mit der Strömung auf die Mündung des Flusses ins Meer zu. Als die Mündung zur offenen See hin in Sicht kam, entschloss er sich, die Boote an der nördlichen Uferseite zu versenken. Er setzte sie auf Grund, indem er die schweren Bootskörper mit großer Anstrengung auf die Seite kippte, bis Wasser hineinlief. Dann packte er sie mit Steinen voll. Er machte sich noch ein Zeichen aus Steinen am höheren Ufer, um die Stelle leichter wiederzufinden. Anschließend durchschwamm er den Fluss und kehrte ans südliche Ufer zurück, um die Spur weiterzuverfolgen.

Schritt für Schritt kam Tirkan voran, bewegte sich langsam, um ja keinen Abdruck zu übersehen. Als die Spuren vom Fluss abschwenkten und in das Dornendickicht am Hang des ansteigenden Hügels hineinführten, wurde der Untergrund trockener, härter. Der Boden gab kaum Hinweise, wo der Entführer Mina entlanggezerrt hatte. Aber die schlaue Mina hatte wieder hier und da Pflanzen umgeknickt, abgerissen oder war gestolpert. Tirkan schlich von Zeichen zu Zeichen. Dann kam der Hochwald und die Spur verlor sich im federnden Laubboden. Dicke Baumstämme krallten sich mit ihren Wurzeln auf der Hügelkuppe fest. Zwischen ihnen lagen einzelne Gipsblöcke, seltsam geformt, vom Wasser geschliffen. Tirkan erschrak, als er um einen mächtigen Stein schlich. Dahinter kauerte jemand am Boden! Doch er täuschte sich: Die Natur hatte dem Block die Umrisse eines hockenden Menschen gegeben. Kaum hatte er sich von seinem Schrecken erholt, drangen von unten Geräusche hervor. Seine Nackenhaare stellten sich auf.

Erdgeister? Unterirdische Wesen? Er legte sich flach auf den Boden und versuchte seine Furcht zu bezwingen. Es waren Menschenstimmen.

Barin saß am Steinkreis, der den Begräbnisplatz des Dorfes abgrenzte. Neben ihm standen die geforderten Güter für die Räuber. Als Brenk und Merur im ersten Morgenlicht vor ihm standen, hob der alte Mann müde den Kopf und sagte leise: „Ihr werdet mit unserer Nahrung wenig Glück haben. Die Allmacht hat auch auf euch ihre Augen gerichtet und wird euch bestrafen."

„Alter Mann", sagte Brenk böse. „Du kannst von Glück sprechen, wenn euer Mädchen lebend zurückkehrt."

„Deine Taten werden dich einholen, Fremder! Das Unheil wird über dich kommen, so wie du Unheil über andere bringst."

„Schweig!", zischte Brenk. „Du wirst keine Tage mehr zählen!" Er holte mit seiner Keule aus.

„Lass den Alten!", rief Merur. „Er ist kein Gegner für dich. Wir haben bekommen, was wir wollten. Aber wir kommen wieder, alter Mann!"

Barin sah Brenk und Merur nach. Er dachte an Harp und die mächtigen Verwandten von der Festung im Inland. Würde es ihm gelingen, Hilfe zu holen? Barin wunderte sich plötzlich, dass er nie genauer nach Harps Herkunft gefragt hatte. Überhaupt kümmerte er sich zu wenig um das, was in der weiteren Umgebung passierte. Er hatte nur die Entwicklung seiner kleinen Gemeinschaft im Auge gehabt. Jetzt sah er den Fehler. Nur Harp konnte wirklich für Hilfe gegen umherziehende Räuberbanden sorgen.

Als die beiden Erpresser den Weg zur Höhle einschlugen, sagte Brenk: „Wir sollten den Dorfersten beobachten. Er war viel zu selbstsicher. Angst hatte der nicht."

„Warum sollte der Alte Angst haben, Brenk? In seinem Alter hat man nichts mehr zu verlieren."

„Seine Dorfgemeinschaft hat ein junges Mädchen zu verlieren. Es ist eine kleine Gemeinschaft. Jeder Kopf zählt. Ich frage mich, woher er den Mut für seine Worte nimmt. Vielleicht denkt er an einen Ausweg. Irgendetwas hat er vor. Ich fühle es", sagte Brenk nachdenklich und beobachtete seinen Anführer. Merur hat viel Kraft, dachte er. Aber ist er auch ein guter Anführer bei Raub und Kampf?

„Mag sein, dass du recht hast mit dem Alten. Beobachte meinetwegen das Dorf. Dann werden wir sehen, ob er irgendetwas in der Hinterhand hat. Sieh zu, dass du mir vor Einbruch der Nacht Bericht gibst."

Brenk nickte nur und kehrte um.

8. Kapitel: Finsternis

Mindara und ihre Späherinnen Sirin und Nuran liefen so schnell, dass Harp und die anderen Männer sich anstrengen mussten mitzuhalten. Mindara lief voran, aber Harp zwang sich, an ihrer Seite zu bleiben. Auf keinen Fall durfte sie ihm zuvorkommen. Hin und wieder rief er ihr zu, welche Richtung sie nehmen sollte.

Eine Höhle!, dachte Tirkan. Das Versteck der Räuber! Es können nur Minas Entführer sein. Von einer Höhle auf dem Hügel hat bei uns im Dorf niemand etwas gewusst. Mina ist da unten gewiss in Gefahr. Ich werde sie retten. Gibt es mehrere Eingänge? Wie viele Fremde bewachen sie wohl?

Unruhig sah er sich um.

In der Tiefe liefen die Dinge anders, als Tirkan ahnen konnte. Das Mädchen hatte mit Lonns Feuersteinmesser die Lederfesseln durchschnitten und suchte nach einer Möglichkeit zu entkommen. Ein leichter Luftzug hinter ihr zeigte an, dass die Höhle dort weiterging. Vorsichtig tastete sie die Höhlung ab. Es war ein Schacht nach unten! Der Wächter musste abgelenkt werden ...

Grigo fühlte sich unsicher und spürte, dass irgendetwas schief lief. Nur was? Wo blieben Merur und Brenk? Sie mussten längst mit dem Raubgut zurück sein. Immer wieder schielte Grigo besorgt zum Höhleneingang.

Von oben kam plötzlich ein dumpfes Rumpeln. Er fuhr zusammen: Was war das? Am Eingang war es nicht, eher etwas entfernt. Kamen die beiden endlich zurück? Grigo starrte zum Höhleneingang.

Mina nutzte die Ablenkung ihres Wächters und glitt in den Spalt hinter ihrem Rücken. Weg war sie. Es ging besser, als sie gehofft hatte. Der Spalt führte zuerst schräg in die Tiefe, anschließend kam ein gerades Stück und schließlich Abzweigungen in drei Gänge. Sie tastete alles ab, denn kein Licht half ihr hier, sich zurechtzufinden. Dann kroch sie in den mittleren Gang. Er wurde immer enger, war aber noch groß genug für ihren schlanken Körper. Die Aussicht auf Flucht und Rettung ließ sie für einen Moment die Dunkelheit und das widerliche Gefühl, vom Fels eingesperrt und bedrängt zu sein, vergessen.

Oben wälzte Tirkan mit einem kräftigen Asthebel den zweiten Stein zur Seite. Mit Glück und Geschick hatte er sich einen neuen Eingang zur Höhle geschaffen und schob sich wie eine Eidechse in den Schacht. Fledermäuse flohen erschrocken in die lichtlosen Tiefen der Höhle. Der Schacht führte senkrecht nach unten. Wenn er sich so verbreiterte, dass er sich nicht mehr abstützen konnte, war er verloren. Mochte die Allmacht wissen, wie tief es nach unten ging. Der Junge presste Ellenbogen und Füße gegen die Felswände. Sein Kopf dröhnte vor Anstrengung.

Grigos feine Ohren hörten das Scharren, als Mina versuchte, im unteren Stollen weiterzukommen. Er ruckte herum und traute seinen Augen nicht. Die Gefangene war verschwunden! Der Schreck lähmte ihn zunächst.

Im rötlichen Licht des Glutfeuers sah Grigo die zerschnittenen Reste der Fesseln. Er griff sich einen glühenden Ast, sprang zur Höhlenwand und leuchtete in den Spalt. Da war sie hineingekrochen.

In diesem Augenblick rutschte Merur durch den Höhleneingang und rief ihm zu: „Alles ist gut! Die Erdwühler haben ihr Wort gehalten. Nahrung genug für uns. Und ich glaube, wir …" Er unterbrach sich plötzlich: „Was machst du da hinten? Wo ist die Geisel?"

„Sie ist weg, einfach weg!", rief Grigo unsicher. „Die Fesseln zerschnitten und weg in diesen Schacht hier." Es sah lächerlich aus, wie er Merur ängstlich die Fesseln entgegenhielt.

„Aus dem Weg, Schwachkopf! Ich wusste doch, dass man dich nicht mit einer solchen Aufgabe betrauen kann." Merur schlug Grigo mit einem brutalen Hieb zur Seite und presste sich in den Höhlenspalt. Grigo wurde durch den Faustschlag hart gegen die Felswand geworfen und blieb ohnmächtig liegen.

Merur zwängte sich weiter. Leicht war es nicht für den großen Mann. Er schob sich auf den Ellenbogen voran. Dann war er an der Abzweigung, tastete und horchte in die Gänge. Welchen hatte sie genommen? Vor ihm hörte er ein leises Keuchen. Da musste das Mädchen stecken.

Er streckte einen Arm nach vorn, presste den anderen an seine Hüfte und zog sich vorwärts. Es war mühsam und eng. So eng, dass Merur die Last des Berges auf seinem Rücken spürte. Ein ungutes Gefühl keimte in ihm auf.

Er versuchte, sich Mut zu machen: Ich habe vor niemandem Furcht. Meine Kraft ist allen überlegen. Wer wagt es, sich mit mir anzulegen? Niemand! Oder vielleicht doch? Hatte nicht Lonn ihm oft Widerworte gegeben? Jetzt kam es Merur in den Sinn. Dieser Verwachsene wagte es, ihm zu widersprechen. Hatte Lonn vielleicht auf eine günstige Gelegenheit gewartet, ihm zu schaden? Hatte er sich deshalb mit den Zwillingen selbstständig gemacht? Was wollte Lonn wirklich?

Noch konnte Merur die Furcht verdrängen. Aber sie wohnte schon in ihm, lauerte darauf, gestärkt zu werden, ruckhaft anzuschwellen. Angst wollte das Gehirn des Mannes beherrschen.

Lonn und die Zwillinge sprachen am Fuß des Hügels über ihre Entscheidung.

„Es ist sinnlos, Lonn“, sagte der eine Zwilling. „Sie werden dich töten. Gegen Brenk und Merur bist auch du verloren. Sie haben nicht einen Augenblick an etwas anderes als an Raub gedacht. Komm, nehmen wir unser Boot und suchen wir die Freiheit an einer anderen Küste, solange es noch nicht zu spät ist.“

„Eure Freundschaft tut mir gut. Aber mein Entschluss steht fest. Ich gehe zurück. Das Mädchen hat uns nichts getan. Brenk sucht nur nach einer Gelegenheit, seine Grausamkeit auszuleben. Und Merur macht dabei mit. Vielleicht kann ich Schlimmes verhindern. Vielleicht das erste Mal in meinem Leben. Euch wünsche ich Glück auf dem Weg in die Freiheit!“

Die Brüder kannten den verwachsenen Lonn schon lange. Er hatte ein böses Schicksal erlitten, denn seine Eltern hatten das verwachsene Kind nicht geliebt. Die anderen Kinder und Halbwüchsigen machten ihm das

Leben zusätzlich schwer. Als er groß und ungewöhnlich stark wurde, ging man ihm lieber aus dem Weg.

Eines Tages hatte ihn dann der Sohn des Dorfersten auf dem Viehmarkt der Insel beschimpft und wegen seiner Hässlichkeit verspottet. Lonn hatte ihn an der Kehle gepackt und hätte ihn erwürgt, wenn ihn die Zwillingsbrüder nicht zurückgehalten hätten. Die Brüder versteckten ihn, aber der Erste Bauer ließ sie überall fieberhaft durch seine Kämpfer suchen. Den dreien blieb nur die Flucht von der Insel. So gerieten sie an Merur, Brenk und Grigo, die man wegen ihrer gemeinsamen Raubzüge ebenfalls verfolgte.

„Wir wünschen dir auch Glück, Lonn. Es macht uns das Herz schwer, dass du uns nicht begleitest", sagte der eine Zwilling und sein Bruder sprach weiter: „Verzeih uns, wenn wir dir nicht helfen. Für uns ist es besser, nach einem Leben in Frieden zu suchen." Die Brüder hoben grüßend die Hände und machten sich auf den Weg. Die Boote im Schilf waren unauffindbar. Aber mit einem einfachen Floß überquerten sie den großen, südlichen Strom.

Lonn lief entschlossen den Hügel hinauf.

In der Tiefe krümmte sich der Gang scharf nach unten, dann ging er eine Körperlänge geradeaus und knickte senkrecht wieder nach oben. Mina steckte in der aufwärts führenden Röhre.

„Du entkommst mir nicht!", brüllte der Verfolger.

Er ist dicht hinter mir, dachte Mina, und versuchte verzweifelt, Halt zu bekommen.

Der Abstieg im Schacht gelang. Die Anstrengung kostete all seine Kräfte. Keuchend lag Tirkan auf dem Boden. Unten erweiterte sich der Kamin zu einem linsenförmigen Raum, der ganz niedrig war. Tirkan tastete vorsichtig seine Umgebung ab und horchte. Das Licht vom Schacht drang nicht bis hierher. Ein Scharren und Kratzen kam von unten. Erschrocken stemmte er sich hoch und stieß mit dem Kopf an die niedrige Höhlendecke.

„Ich kriege dich!“, brüllte eine Stimme.

Das Scharren und Kratzen wurde heftiger. Tirkan griff nach einem Steinbrocken und schob sich voran.

Lonns Ohren waren sehr gut. Als er die Hügelkuppe erreichte, hörte der verwachsene Mann Merurs Stimme aus der Tiefe. Von einer Ahnung getrieben, streifte er vorsichtig zwischen Baumstämmen und Felsbrocken hindurch. Auch er schlüpfte nicht durch den bekannten Einstieg. Hinter einem großen Steinblock lagen Tirkans Bogen und sein Köcher. Zwei Schritte weiter sah Lonn die Öffnung. Die Steine waren zur Seite gewälzt worden. Daneben lag ein kräftiger Ast. Der Verwachsene nahm den Bogen in die Hand und dachte: Sieh da, das Jagdgerät eines Halbwüchsigen. Brenk hat gesagt, er hätte bei der Entführung einen Jungen niedergeschlagen.

Lonn streckte die Beine in den Höhleneingang und rutschte vorsichtig nach unten. Für ihn bedeutete der Abstieg keine Anstrengung.

Tirkan hob den Felsbrocken und wollte ihn in den Schacht werfen – dort aber war Minas Kopf … Eine tiefe, gurgelnde Stimme hinter ihm sagte: „Du bist nicht allein." Der Junge zuckte herum. Sein Stein flog in Richtung der Stimme. Lonn spürte den Luftzug des Brockens, als er an seinem Ohr vorbeiflog. Hinter ihm kollerte das Wurfgeschoss über den Höhlenboden.

Bevor man mit mir spricht, wirft man Steine!, dachte er traurig. Manchem Geschick kann man nicht entfliehen. Aber an seiner Stelle hätte ich hier im Dunkeln nicht anders gehandelt.

Der Berg presste Merur den Brustkorb zusammen. Er kam nur sehr langsam voran. Kam er überhaupt noch voran? Seine Atemzüge wurden immer heftiger und schneller.

Die Höhle wird mich zerquetschen, dachte Merur, bekam kaum Luft und fand schließlich keine Möglichkeit mehr, sich vorwärts zu ziehen. Sein Unterkörper lag jetzt waagerecht, der Oberkörper klemmte in dem senkrechten Gangstück. Sein Rücken bildete ein schmerzhaftes Hohlkreuz. Merur steckte endgültig fest.

Den starken Mann überfiel zum ersten Mal in seinem Leben Angst. Eine besondere, uralte Angst: schreckliche Enge.

„Ich bin nicht dein Feind!", sagte Lonn leise.

„Wer bist du?", fragte Tirkan und verkrampfte sich, bereit, sich zu verteidigen.

„Ein Freund. Ich heiße Lonn. Du bist wahrscheinlich der Junge, den Brenk niedergeschlagen hat. Deine Gefährtin ist da unten, nicht wahr? Sie wird sich befreit haben."

„Niemand ist da unten. Was gibt mir die Gewähr, dass du mich nicht in eine Falle locken willst? Du hast nach mir gesucht und gehörst zu den Räubern. Täusch dich nicht, ich bin keine leichte Beute. Meine Keule wird dich treffen", log er. „Ich trau dir nicht!" Vorsichtig tastete Tirkan nach einem neuen Stein. Er wusste nicht genau, wie nah der Fremde ihm war.

„Eine Sicherheit kann ich dir nicht geben. Wenn du mir nicht traust, ist das dein Nachteil. Glaubst du, ich wäre in die Höhle eingestiegen, wenn ich Böses mit dir vorhätte? Wie solltest du hier herauskommen, wenn ich deinen Eingang verschlossen hätte? Was ist nun? Willst du meine Hilfe?"

Tirkan musste sich entscheiden. Der Fremde war im Vorteil. Außerdem blieb ihm keine andere Wahl. Hier in dem engen Raum konnte er nicht entkommen. „Sie muss da unten sein. Einer deiner Kumpane hat gebrüllt: ‚Ich kriege dich!'"

„Er wird sie nicht kriegen, wenn wir zusammenhalten. Mein Kumpan ist er nicht mehr. Wir versuchen, deine Gefährtin zu retten. Gibt es einen Weg nach unten?"

Wie komme ich zurück? Es geht nicht rückwärts, dachte Merur. Es geht auch nicht vorwärts. Das freche Luder lauert über mir. Will mir einen Stein auf den Kopf schmettern. Ich kann mich nicht mehr bewegen. Ich brauche Hilfe.

In Enge und Finsternis sah Merur plötzlich ein Tier mit rot glühenden Augen: Ein schwarzer Wurm lebt in diesen Gängen, er schleicht sich an … Merur glaubte, das Scharren seiner ledrigen, schuppigen Haut am Fels zu hören. Der dunkle Rachen wollte ihn verschlingen, ein Rachen mit spitzen Reißzähnen. Dann ein Poltern. Der Wurm kriecht näher, dachte er, immer näher. Er wälzt hinter sich schwere Steine vor die Ausgänge, will mich einsperren. Wieder Stille. Merur lauschte, bis es in seinen Ohren wie in einer großen Trommel dröhnte. Verzweifelt kämpfend wollte sich der große Mann zurückschieben. Der Berg hielt ihn fest.

Was ist das jetzt wieder? Es zischelt ... bösartiges Zischeln ... kleine schwarze Würmer, die sich durch den Stein fressen, um mich von allen Seiten anzufallen.

Die Gedanken des verängstigten Mannes verwirrten sich immer mehr. Das Scharren waren Minas Füße über ihm. Das Poltern Tirkans Steinwurf gegen Lonn. Das Zischeln ihr Geflüster. Das Dröhnen und Trommeln sein eigenes Blut in den Adern.

Mina rutschte immer wieder ab, wenn sie ein Stück höher kommen wollte. Gleich wird der Verfolger zupacken. Kommt er wieder näher? Unter ihr keuchte es. Wie von einem gierigen Raubtier, das sein Opfer schon ganz nah vor sich hatte. Sie hörte das heftige Atmen von Merur und achtete nicht auf die Geräusche über ihr.

„Mina, wo bist du?“, flüsterte Tirkan in den Schacht. Keine Antwort.

Verzweifelte Schreie brandeten plötzlich auf. Sie wurden von den Höhlenwänden zurückgeworfen, erzeugten ein tausendfaches Echo und dröhnten durch die Finsternis. Schreie der Angst, entsetzlicher Angst.

Minas Fingernägel krallten sich voller Panik in den weichen Stein. Sie bekam endlich Halt und ruckte eine Armlänge hoch. Die schreckliche Stimme unter ihr peitschte sie voran.

Lonn schob Tirkan grob zur Seite und langte in den Schacht. Seine große Hand packte Minas Arm und zog sie aus dem Stollen hoch.

„Grigo! Hilf mir! Sie fallen mich an! Hilf mir doch …!“, schrie Merur. „Die Würmer! Nicht beißen! Hilfe …!“

In Merurs Gehirn zerbrach etwas. Er schrie und schrie. Die Ohnmacht erlöste ihn schließlich von den Vorstellungen des Schreckens.

9. Kapitel: Das Ende eines Feindes

Brenk beobachtete das Geschehen im Dorf von seinem Versteck in der Ulme. Nichts Ungewöhnliches ereignete sich. Die Dörfler gingen ihren Arbeiten nach. Hin und wieder wanderte der alte Weißbart zum Fluss. Dort blieb der Dorferste stehen, als warte er auf etwas.

Was macht er jetzt? Brenk beobachtete, wie der alte Mann mit einem Holzspaten ein Loch grub.

Erdwühler!, dachte er verächtlich – und verzog den Mund zu einem spöttischen Lächeln, als er sah, wie der Dorferste den toten Hund zur Grube trug.

Randok, Konge und Rucke standen am Fluss und fischten. „Tirkan ist auch verschwunden", meinte Randok bedrückt.

„Er wird Mina suchen", sagte Konge und beobachtete den Schwimmer seiner Angel. „Früher warst du immer froh, wenn die Schnecke nicht in der Nähe war."

„Sei bloß still. Meine Feindschaft ist vorbei. Ich werde Tirkan nicht mehr ärgern und habe genug Prügel eingesteckt. Ich bin deine großen Worte leid."

Konge schwieg beleidigt.

„Wir könnten ja gemeinsam Späßchen machen. Mit Mina und Tirkan", schlug der große Rucke versöhnlich vor. Er hatte keine Lust zum Fischen und beobachtete lieber die Vögel in den Bäumen.

„O Allmacht!", sagte Konge und stöhnte. „Sie ist entführt und Tirkan verschwunden. Ist das noch nicht in dein Hirn geflossen, du Holzkopf?"

„Wird schon alles gut gehen", meinte Rucke darauf einfach. „Harp holt doch Hilfe."

„Deine Zuversicht möchte ich haben", sagte Randok bedrückt.

Namkri war das kleinste Mädchen im Dorf. Sie spielte am Fluss mit Steinen und Stöcken Bauer. Dabei zählte das Mädchen nicht einmal vier Sommer. Die großen Jungen mieden das lästige Kleingemüse. Gerade das zog Namkri magisch an. Deshalb versuchte sie in ihrem Spiel, in die Nähe der drei Angler zu kommen.

Eine Baumwurzel stoppte ihren Plan und sie fiel hin. Gerade wollte sie ein mächtiges Klagegebrüll anstimmen, da sah sie etwas Ungewöhnliches oben in einem Baum. Sie blinzelte und schaute genauer hin. Namkri erkannte den Mann in der Astgabel.

„Böser Mann!", murrte sie. „Gelbes Haar, böser, böser Mann."

Sie hatte hinten in Barins Haus gelegen, um den Großen beim Ofenbauen zuzuschauen. Sie durfte ja nicht helfen und musste sich deshalb verstecken. Namkri hatte gehört, was der Fremde zu Barin gesagt hatte. Seine Worte waren böse gewesen, böse und bedrohlich. Das wusste sie genau.

Namkri sprang auf und rannte am Fluss entlang.

Ich bilde mir etwas ein, dachte Brenk. Die Erdwühler sind stumpf und ergeben. Sie warten doch nur auf jemanden, der ihnen Brot und Fleisch wegnimmt. Verlorenes Tun, hier zu hocken. Merur hatte recht. Vom Dorf droht uns keine Gefahr. Ich gehe berichten.

Das kleine Mädchen sauste wie ein Wirbelwind zwischen die Jungen und riss Konge dabei den Angelstock aus der Hand.

Er hob die Hand und wollte ihr eine kräftige Ohrfeige verpassen. Aber der Schlag traf sie nicht, denn Rucke war schnell dazwischengesprungen. Er nahm das kleine Mädchen unter die Arme. „Komm, Namkri, wir spielen zusammen!", rief er und schwenkte sie im Kreis herum. Rucke hatte keine Geschwister und mochte die Kleine gern.

Spielen! Das war ein Angebot für Namkri. Aber deshalb war sie nicht gekommen. Sie wollte ihre Neuigkeit loswerden: „Mann! Böser Mann!", sagte sie ernst und hielt sich dabei in Ruckes verfilzter Haarpracht fest.

„Hör nicht auf sie", sagte Konge gallig. „Die will sich nur wichtigmachen."

„Was sagst du da?", fragte Rucke neugierig, ohne sich um Konge zu scheren.

„Böser Mann. Gelbes Haar. Baum!", sagte Namkri und zeigte auf die große Ulme.

Rucke starrte auf Namkris Zeigefinger, Randok und Konge daran entlang. Ein Mann kletterte den Ulmenstamm hinunter und verschwand im Unterholz.

„Einer der Fremden, den verfolgen wir!", zischte Randok. „Hinterher!" Randok und Konge warfen die Angeln weg und rannten los.

Rucke hielt das kleine Mädchen immer noch über seinem Kopf. „He! Randok, Konge … was ist denn? Wo wollt ihr hin?"

„Spielen! Versprochen!", rief Namkri und zog dabei warnend ihre Mundwinkel nach unten.

„Gut", sagte Rucke ergeben und war gar nicht traurig darüber. Meistens war es mit der kleinen Namkri viel lustiger als mit Randok und Konge.

Brenk suchte sich inzwischen einen gemütlichen Rastplatz im Dornendickicht. Warum soll ich mich beeilen?, dachte er. Die anderen sitzen faul in der Höhle und lassen es sich gut gehen. Uns droht keine Gefahr.

Er nahm von dem Räucherfleisch und Brot der Bauern, das er vorsorglich abgezweigt hatte. Räuchern konnten sie, die Erdwühler, das musste er ihnen lassen. Es schmeckte ihm prächtig.

Randok und Konge schlichen auf das Dickicht zu. Sie hatten genau gesehen, dass der Fremde dort hineingeschlüpft war.

„Bist du sicher, dass wir ihn weiter verfolgen sollen? Müssen wir nicht Barin berichten, was wir gesehen haben?", flüsterte Konge ängstlich.

„Schweig!" Randok packte Konge am Arm. „Er könnte uns hören. Wir haben noch nichts zu berichten. Oder weißt du schon, wo die Fremden ihr Versteck haben?" Ein Ast zerbrach unter seinem Fuss. Die Jungen erschraken.

Brenk zuckte zusammen. Was war das? Der Wald erzeugt viele Töne für den, der auf außergewöhnliche Geräusche lauert. Die Käfer summten weiter, die Grillen zirpten ihr aufdringliches Konzert. Nur: Brenk hörte keine Vögel mehr. Als hätte ihnen jemand plötzlich die Schnäbel verstopft. Sie waren still. Zu still für diesen alten Wald.

Sein Misstrauen war geweckt. Er griff nach der Scheibenkeule und fühlte sich besser, als der glatte Eibenholzstiel in seiner Hand lag. Wieder knackte ein Ast. Brenk richtete sich vorsichtig auf. Er horchte angestrengt.

Die Jungen sahen seinen Kopf langsam über dem Gestrüpp hochkommen. Noch blickte er nicht in ihre Richtung. Randok ließ sich langsam auf die Knie herunter. Aber Konge hielt es nicht mehr aus. Die nackte Furcht trieb ihn zur Flucht. Er sprang auf. Randok wollte ihn aufhalten.

Es war zu spät.

Brenk sah den Jungen hinter dem Dickicht und rannte los. Dabei lachte er laut. „Ein Halbwüchsiger! Ich lasse mich schon von einem Halbwüchsigen verfolgen. Meine Ohren sind wohl mit Sand verstopft. Ah, dir werd ich Prügel verpassen, bis du das Rumschleichen für immer sein lässt. Dreckiger Erdwühlerbalg!"

Er hatte Spaß an dieser Verfolgung. Den Spaß, den der Stärkere bei der Verfolgung empfindet, wenn er selbst kein Risiko eingeht.

„Mal sehen, wie gut du laufen kannst, Bursche!", schrie er dem Jungen nach und kam in schnellen Sätzen näher.

Konge rannte um sein Leben.

Randoks Herz raste, er musste dem Freund helfen. Er stieß sein Bein vor, als Brenk an ihm vorbeipreschte.

Aus vollem Lauf stürzte der Mann. Sein Kopf prallte gegen einen dicken Eichenstamm. Es gab einen hässlichen Laut, als der Schädelknochen brach. Brenk krümmte sich zusammen, stemmte sich dann mühsam hoch und dachte noch: Deine Taten werden dich einholen, hat der Weißbart gesagt. Er hat recht gehabt.

Brenk kämpfte um sein Leben. Blut rann ihm aus Nase, Mund und Ohren.

Brenk war tot, als Harp und Mindara dicht beieinander durch das Unterholz brachen. Die Bögen gespannt, die Pfeile auf Brenk gerichtet.

Randok sah nur den blutigen Kopf.

Der Wald war plötzlich voller Menschen mit weiß gefärbten Gesichtern. Randok schlang die Arme um sich. Er fror.

Grigo hatte sich inzwischen von Merurs Schlag erholt und lauschte auf die unheimlichen Geräusche in der Tiefe. Als die Schreie verstummten, raffte er voller Angst seine Ausrüstung zusammen und verließ die Höhle.

Dies ist kein guter Ort. Merur ist etwas Schrecklichem begegnet. Ich werde verschwinden, über Land nach Süden zu. Weit weg und alles hinter mir lassen.

Grigo kam bei seiner Flucht bis zum südlichen Hügelfuß, dann sprang ihm die Späherin Sirin von einem Baum aus vor die Füße. Ihr Schlag kam so schnell, dass Grigo nicht einmal Zeit hatte sich zu erschrecken.

Wie ein erlegtes Wild hing Grigo wenig später gefesselt an der Tragstange.

„Ein magerer Fang, Sirin, ein sehr magerer Fang. Meinst du wirklich, dass Mindara uns dafür loben wird?“, spottete Nuran.

„Der reicht kaum für ein Speiseopfer an die Allmacht. Da bleiben für uns nicht einmal die leckeren Teile. Aber Mindara wird wissen wollen, woher er kommt und was er will“, antwortete Sirin.

„Ich sage alles, wenn ihr mich freilasst!“, jammerte Grigo.

„Sicher sagst du alles“, meinte Sirin. „Unsere Anführerin wartet sehnsüchtig darauf, dir zu lauschen.“

Grigo hatte fürchterliche Angst. Auf dem Festland essen sie doch kein Menschenfleisch, dachte er. Aber Opferung? Werde ich als Opfer herhalten müssen?

„Dein Leben war verwirkt“, sagte Harp leise, betrachtete den toten Brenk und schob seinen Kopf zur Seite, um in dessen Augen zu sehen: „Du hast meine Frau ermordet. Den Weg zur Allmacht wirst du nicht finden. Ich verbrenne deine Knochen. Der Wind soll deinen Staub in alle Richtungen zerstreuen.“

Mindara legte ihren schweren Arm um Harps Schulter und sagte: „Sei nicht verbittert. Er ist meiner und deiner Rache entkommen. Aber er ist tot. Der Junge hier hat den Willen der Allmacht vollstreckt. Später schaffen wir dieses böse Fleisch runter zum Fluss. Am Ufer werden wir einen Scheiterhaufen errichten, so wie du es willst. Om und Kum werden das verstehen.“

Randok war aufgestanden, putzte sich verlegen Blätter und Erde vom Hemd und sagte: „Ich habe ihn nicht erschlagen. Er hat Konge verfolgt und stürzte, als ich ihm ein Bein stellte.“

„Ich hätte in deinem Alter nicht gewagt, einen erwachsenen Mann anzugreifen“, sagte Harp anerkennend. „Wir danken dir. Durch deine Tat hat sich niemand an dem Blut des Mörders schmutzig machen müssen.“

Mindara setzte hinzu: „Randok heißt du? Frag deinen Dorfersten Barin bei Gelegenheit, ob du eine Wächteraufgabe in der Festung übernehmen kannst. Einen jungen Mann wie dich können wir am Torturm immer gebrauchen."

Junger Mann, hat die große Kämpferin gesagt. Randoks Gedanken füllten sich mit Zuversicht. Es war das erste Mal in seinem Leben, dass der Junge gelobt wurde. Von diesem Tag an begann sich sein Leben zu verändern.

Harp bückte sich und nahm nachdenklich die schwere Scheibenkeule des Mörders in seine Hände. Wie viel

Böses hat er mit ihr angerichtet?, dachte er und ließ die Keule angeekelt fallen.

Mindara beobachtete Harp dabei und sagte ruhig: „Ich nehme sie. Diese Waffe soll in einem Boot der Räuber zur Insel zurück, das ist Kums Wille. Die Inselbewohner werden dieses Zeichen zu deuten wissen. Oder hast du etwas anderes vor?"

„Ich hätte sie mitverbrannt und den Keulenstein danach völlig zerstört. Niemand soll mehr eine Erinnerung an den Mörder von Mankit haben."

„So werden wir handeln. Kum und Om sind sehr klug und weise. Aber dies ist deine Entscheidung. Ich werde sie vor meinen Eltern vertreten. Auf jetzt! Es gilt, Mina zu retten und die anderen Räuber zu fangen!", rief Mindara.

Ein scharfer Pfiff gellte durch den Wald. Mindara reckte den Kopf.

„Sie haben einen!", rief sie.

Wenig später wurde der Gefangene unsanft auf den Boden geworfen. Aus Grigo sprudelte die Wahrheit nur so heraus.

„Also sechs Räuber: einer tot, drei geflüchtet, der Anführer in der Höhle verfolgt Mina, dieses Häufchen Elend hier gefangen. Ist das so?" Mindara packte Grigo an den Haaren und zog ihn hoch.

10. Kapitel: Ein neuer Gefährte

Mina, Tirkan und Lonn hockten wie gelähmt in der Höhle und horchten in den Stollen. Kein Laut kam mehr von unten herauf.

„Was ist mit ihm geschehen?“, flüsterte Tirkan kaum hörbar.

„Ich weiß es nicht. Seine Schreie waren fürchterlich. Merur kennt sonst keine Angst. Kommt, wir wollen aus der Höhle heraus“, sagte Lonn leise.

„Können wir dir denn vertrauen?“, fragte Mina.

„Das hat mich schon dein Gefährte gefragt. Ich glaube nicht, dass ihr mir noch traut, wenn ihr mein Gesicht seht“, murmelte Lonn.

„Dein Gesicht kenne ich schon, deine Stimme auch. Du hast den gemeinen Kerl gezwungen, sein Messer ins Feuer fallen zu lassen, und mir die Feuersteinklinge zugesteckt, nicht wahr? Warum hast du das getan? Und warum bist du jetzt hier?“

„Ich bin nicht zum Räuber geboren. Vielleicht ist das der Grund. Aber wahrscheinlich werdet ihr anders denken, wenn ihr mich bei Tageslicht seht. Junge, du kriechst voran! Dann deine Gefährtin. Ich werde euch beim Aufstieg helfen.“

Tirkan dachte nach: Jetzt ist es leicht, ihn in eine Falle zu locken. Was will er machen, wenn ich oben warte, Mina herausziehe und dann …?

Tirkan schob sich über den Felsrand, griff nach dem starken Ast, den er als Hebel für die Steine benutzt hatte, und legte ihn neben die Höhlenöffnung.

Minas Hand reckte sich ihm entgegen. Lonn drückte sie auf seinen Händen nach oben. Tirkan packte zu und zog. Als Mina frei war, stieß er sie zur Seite und griff nach dem Ast. Er schwang ihn hoch über sich, wartete auf Lonns Hände oder besser noch seinen Kopf.

Mina verlor keine Zeit mit Worten, rappelte sich auf, riss Tirkan den Ast aus den Händen, warf das Holz weg und starrte ihn an. Ihr Blick war eine einzige Anklage.

Der verwachsene Mann hatte keine Mühe, den Stollen hochzuklettern. Aber es tat ihm gut, als Minas Hände sich ihm entgegenstreckten. Er stieg aus der Enge. Lonn konnte sich nicht erinnern, dass ihm jemals ein anderer geholfen, geschweige denn die Hände gereicht hätte.

Tirkan stand daneben wie jemand, der gerade eisiges Wasser über den Kopf gegossen bekommen hatte. Er starrte auf den Fremden. Einen so ungewöhnlichen Menschen hatte er nie zuvor gesehen.

„Wenn ihr mich loswerden wolltet, ist eine Gelegenheit vertan", sagte Lonn mit seiner tiefen Stimme und wischte sich den Höhlenlehm von der Stirn. „Aber mir scheint, das war nicht eure Absicht."

„Wenn es nach mir gegangen wäre, schon", sagte Tirkan. „Du wirst nicht so leicht entkommen, Fremder. Harp sucht nach euch. Und ich glaube nicht, dass er so viel Nachsicht mit dir hat wie Mina." Dabei sah Tirkan Mina voller Wut an.

Lonns vorstehendes Auge richtete sich auf ihn. „Wer ist Harp?"

„Du wirst ihn bald kennenlernen. Er wartet schon lange auf Männer von der Insel, die auf dem Festland Unheil anrichten. Ihr habt seine Frau getötet."

„Ich habe niemanden getötet und bin das erste Mal auf dem Festland. Willst du, dass ich für die Taten anderer bestraft werde?"

„Lass ihn in Ruhe, Tirkan!", sagte Mina. „Er hat doch bewiesen, dass er uns nichts Schlechtes antun will. Warum drohst du ihm?"

„Bist du jetzt auf seiner Seite? Harps Frau wurde von seinen Kumpanen getötet. Das genügt mir", erwiderte Tirkan.

„Dein Herz ist ein Stein. Was *er* getan hat, interessiert dich nicht, was?"

Tirkan hob schweigend seinen Bogen und seinen Köcher auf.

„Was tun wir jetzt?", fragte Mina.

„Wir müssen Brenk aufhalten", antwortete Lonn bedächtig. „Er schlägt noch schneller zu, als er denkt, und ist ein gefährlicher Gegner. Auch auf Grigo müssen wir ein Auge haben. Wenn man ihm den Rücken zukehrt, schießt er Pfeile aus dem Hinterhalt. Merur ist eingeklemmt. Du kennst die Höhle, Mina. Glaubst du, er kann sich befreien?"

„Ich glaube, dass Merur sich nicht mehr bewegen kann. Das Gangstück, aus dem ich entkam, hatte zwei scharfe Knicke und war sehr eng. Aber wie willst du gegen den Keulenmann kämpfen? Du hast keine Waffe", sagte Mina und musterte seine Wollkleidung.

„Jeder Stein ist eine Waffe in meinen Händen, Mina. Ich wurde schon als kleiner Junge mit Steinen beworfen. So bekam ich Übung darin, mich auf diese Weise zu wehren. Siehst du den Baum dort, Tirkan? Die abgestorbene Buche? Setze einen Pfeil hinein."

„Hab ja kein Mehl im Auge“, murrte der Junge. „Leichte Übung!“

Er zielte auf den Baum. Mit einem trockenen „Pock“ traf der Pfeil den Stamm. Im selben Augenblick bückte sich Lonn in einer fließenden Bewegung – und ein faustgroßer Felsbrocken schmetterte genau unter Tirkans Pfeil gegen den Stamm. Die Gefährten staunten.

„Deinen Pfeil wollte ich nicht zerstören“, sagte Lonn ruhig und sah ihn an.

Tirkan schwieg.

„Wir müssen uns beim Höhleneingang verstecken und auf Brenk warten.“ Lonn sprach leise. „Vielleicht ist er schon zurückgekehrt. Vielleicht auch nicht. Überlasst mir den Kampf. Wenn ich unterliege, flieht sofort. Seid ganz still auf dem Weg. Der Eingang liegt von hier aus weniger als eine halbe Pfeilschussweite entfernt. Brenk hat scharfe Ohren.“

Merur träumte. In seinem Kopf war alles verworren. Er träumte von einem Tongefäß, in dem er gefangen war. Dunkelheit und Kälte. Der Rest seines Verstandes setzte sich durch und drängte den Körper aufzuwachen.

Frierend und hilflos steckte Merur in den Eingeweiden der Höhle. Er schluchzte leise, wie ein kleines Kind, das nach einem bösen Traum erwacht.

Mindara, Harp und die Kämpfer hatten den Hügel erreicht. Mit groben Stößen wurde Grigo vorangetrieben und er stolperte durch das Unterholz. Er jammerte laut vor sich hin, in der stillen Hoffnung, dass seine Kumpane auf Geräusche der Gefahr achten würden.

„Still! Sonst binde ich dir einen Knebel zwischen die Zähne", fauchte Mindara. „Wenn du auch nur einen Laut von dir gibst, werde ich dein Leben beenden. Den Höhleneingang finden wir auch ohne dich."

Grigo schwieg auf der Stelle.

Tirkan, Mina und Lonn erreichten den Eingang zuerst. Sie versteckten sich wie besprochen zwischen den Felsen, um dem Mörder aufzulauern.

„Ob er im Dorf jemanden verletzt hat?", fragte Tirkan besorgt. „Hoffentlich haben sie Brenk alles gegeben, was er forderte. Jedenfalls hat Harp es Barin so geraten."

„Wer ist Barin?", fragte Lonn.

„Mein Großvater Barin ist der Dorferste bei uns", antwortete Mina voller Stolz.

Die Geräusche im Wald veränderten sich. Lonns scharfe Ohren hörten das Knacken von Ästen, das Rascheln von Zweigen, die zur Seite gedrückt wurden. Vögel unterbrachen ihr Konzert und flatterten aufgeregt davon.

Tirkan bemerkte, dass der Verwachsene den Kopf reckte und sein großes, zerfurchtes Ohr zum Hang richtete.

„Kommt Brenk?", fragte Tirkan. Er legte einen Pfeil auf die Sehne.

„Da kommen viele", sagte Lonn leise. „Ich glaube, euer Freund Harp hat eine ganze Kriegergemeinschaft gerufen."

Vor lauter Aufregung hörte Tirkan nicht hin.

Die Späherin Nuran erreichte als Erste die Hügelkuppe. Suchend streifte sie zwischen Steinen und Bäumen hindurch.

Hier sind viele Spuren, dachte Nuran, als sie in die Nähe der Felsen kam, hinter denen die drei lauerten. Der Eingang muss hier irgendwo sein. Das wird Harp freuen. Ich gebe besser das Signal.

Der Ton ihrer Knochenflöte gellte durch den Wald.

Tirkan zog die Sehne durch, sprang auf und starrte auf die Gestalt keine drei Menschenlängen vor ihm. Die querschneidige Pfeilspitze zeigte auf den Nacken. Nuran fuhr herum, als sie das Rascheln hinter sich hörte, und ließ sich fallen.

„Halt ein, Tirkan! Das ist nicht Brenk!“, hörte Nuran da eine tiefe Stimme sagen. Sie war eine sehr kaltblütige Frau. Aber das Gesicht, das neben dem Jungen aufgetaucht war, konnte auch den Abgebrühtesten erschrecken.

„Wer bist du?“, fragte sie entgeistert. War es einer der Räuber? Was sollte sie tun?

„Sie trägt die Farbe der Knochen, die Farbe der Trauer und Rache“, sagte Lonn ruhig. „Sie gehört sicher zu Harp. Nimm den Pfeil runter, Tirkan.“

Jetzt kam Mina hinter dem Felsen vor und starrte auf die Kämpferin. Nuran wusste nicht mehr, was sie denken sollte, und pfiff das Notsignal. Der dritte Ton ihrer Knochenflöte hielt noch an, als es von bewaffneten Gestalten wimmelte.

„Tirkan! Mina!“, rief Harp, der sie zuerst erreichte. „Ihr seid wohlauf! Der Allmacht sei Dank!“ Jetzt erst bemerkte er den Fremden.

„Rühr dich nicht!“, brüllte Mindaras Stimme hinter Lonn. „Knie dich hin!“

Lonn bewegte sich nicht.

Mina musste etwas tun. Längst hatte sie den Verwachsenen ins Herz geschlossen. Sie spürte genau, dass er weder falsch noch böse war.

„Er hat mir geholfen und niemandem ein Leid zugefügt!", rief sie. „Ich lasse nicht zu, dass ihr ihn bedroht. Kümmert euch lieber um diesen Brenk!" Sie legte Lonn eine Hand auf die Schulter, wie einem Bruder.

Tirkan traf eine Entscheidung. Er stellte sich dicht neben Mina und Lonn.

„Brenk ist tot", sagte Mindara leise, und dann laut: „Richtet zwei Pfeile auf ihn!" Sie zeigte auf Lonn. „Das Moor soll Grigo verschlingen! Hier kennt sich ja keiner mehr aus. Ich werde ihn am Spieß rösten und an die Ratten verfüttern."

Grigo wurde herangezerrt.

„Wo ist der Höhleneingang? Raus mit der Sprache!"

Grigo schlotterte vor Angst an allen Gliedern und stotterte: „Hin…hin…hinter dir."

Mindara flog herum, als hätte man sie in den Rücken gebissen, tauchte zwischen den Felsen ab und sprang gleich wieder hoch: „Nuran, Sirin! Hierher! Aber auf Flügeln!"

Mindaras Anweisungen wurden ausgeführt.

„Wo sind die drei anderen Räuber?" Ihre Stimme war kalt und voller Wut. „Grigo, mach den Mund auf oder du stirbst hier und jetzt. Meine Geduld ist zu Ende."

„Ich weiß es nicht!" Seine Stimme überschlug sich vor Furcht, als er weitersprach: „Der Krüppel da wollte sich mit den Zwillingen absetzen. Haben sie jedenfalls gesagt, als sie uns verließen. Merur dagegen hat …"

„Ich sehe hier nur einen Krüppel und das bist du. Schafft ihn mir aus den Augen! Jetzt zu dir, Fremder. Du bist wahrscheinlich Lonn. Wo sind deine Raubgesellen?"

Die tiefe, gurgelnde, aber doch angenehme Stimme erstaunte Mindara, als Lonn langsam den Kopf zu ihr drehte und sie ansprach. Ein seltsames Auge, dachte sie, und ein seltsamer Mann.

„Du kennst inzwischen unsere Namen. Das macht es mir einfacher, deine Fragen zu beantworten. Merur ist dort unten in der Höhle. Ich glaube nicht, dass er noch eine Gefahr für euch ist. Die Zwillinge sind geflüchtet. Sie haben nichts Böses getan. Den Weg, den sie genommen haben, werde ich auch unter Schmerzen nicht verraten."

„Du kannst ihm glauben!", mischte sich Tirkan ein. „Mina und ich sind nur durch seine Hilfe frei. Hört uns doch an!"

Der verwachsene Mann spürte, dass der Junge jetzt für ihn einstand. Eine große Zufriedenheit und Ruhe erfüllte ihn.

Inzwischen war Harp wie ein Raubtier immer näher auf Lonn zugegangen. Er richtete seine Augen auf die Füße des Fremden. Bohrende, erbarmungslose Augen. Auch hier hatte Lonns Körper kein Gleichmaß. Ein Fuß war größer als der andere.

Harp entspannte sich. Dieser Mann hatte mit Mankits Tod nichts zu tun. „Mindara, lass uns hören, was vorgefallen ist, sonst geschieht noch durch unsere Hände ein Unrecht", sagte er.

„Nun gut. Keiner soll behaupten, dass Mindara nicht zuhören kann. Zunächst die Sicherung: Nuran, Sirin, ihr bleibt dort am Höhleneingang! Keine Maus wird die Höhle verlassen, bis ich alles weiß.“

Sie saßen in einem großen Kreis. Tirkan neben Harp. Mina neben Lonn, Mindara gegenüber. Die Männer bekamen den Auftrag, den Wald zu durchsuchen.

In der Runde musste Tirkan zuerst berichten, dann Mina und Lonn. Es dauerte seine Zeit.

Als alle sich ein Bild von den Geschehnissen machen konnten, trat Sirin neben Mindara und flüsterte ihr etwas ins Ohr.

11. Kapitel: Merurs Befreiung

Mindara schreckte aus ihren Gedanken hoch: „Bewache gefälligst den Höhleneingang! … Was? Sag das noch mal, Sirin! Sag es laut! Alle sollen es hören!"

„In der Höhle weint ein Kind."

„Was sagst du dazu, Lonn? Wenn ich auch nur eine Lüge von dir gehört habe, siehst du die Sonne nicht mehr untergehen!"

Der Verwachsene dachte nach. Es gab eine Möglichkeit. Diese Krankheit konnte die Allmacht auf jeden Menschen werfen, schuldig oder unschuldig. Entsetzliche Angst konnte sie auslösen.

„Rede schon!", sagte Mindara ungeduldig.

„Merur ist zum Kind geworden, zu einem sehr hilflosen Kind", antwortete er.

„Sprich nicht in Rätseln! Was meinst du damit?"

„Ich glaube, dass Merur in der Enge der Höhle den Verstand verloren hat. Seine Schreie gingen uns durch Mark und Bein."

Eine Weile sagte keiner ein Wort. Schließlich fragte der Verwachsene: „Wirst du ihn dort unten sterben lassen, Mindara? Er ist kein Freund von mir. Aber er ist hilflos."

Die große Frau schwieg und sah Harp fragend an.

„War Merur vor zwei Sommern auf dem Festland, zusammen mit Brenk?", fragte Harp.

„Nein!", sagte Lonn bestimmt. „Das glaube ich nicht. Aber seine Spur würde es dir verraten. Du kennst die Spuren der Männer, die du suchst, und hast dir deshalb meine Füße genau angesehen. Die Bauern der Insel munkelten nur von zwei Leuten. Der Mann, mit dem Brenk zusammen auf dem Festland war, kehrte nicht wieder zurück. Brenk wird sein Raubgut auch noch gewollt und den Mann in die See geworfen haben. Merur verfügt über große Kräfte, tötet aber nicht aus Grausamkeit oder Habgier."

„Die Wahrheit in deinen Worten kann ich nicht prüfen, Lonn. Die Spur von Merur schon. Wenn seine Spur der Spur gleicht, die ich mir eingeprägt habe, hast du dich jetzt in deinen eigenen Lügen verstrickt."

„Also rausholen!", sagte Mindara entschlossen.

„Willst du dabei meine Hilfe?", fragte Lonn.

„Deine Hilfe?" Mindara sah ihn entgeistert an. „Diese Fürsprache für einen Mann, den du bekämpfen wolltest, erstaunt mich."

„Ich will auch dabei sein", sagte Mina. „Nur ich kenne den Weg durch die Höhle genau. Nimm uns mit!"

Mindara blickte nachdenklich von dem Mädchen auf Lonn und wieder zurück. „Nuran!", rief sie dann entschlossen. „Suche den zweiten Ausgang der Höhle und sperre ihn! Ihr anderen dreht jeden Stein auf dem Hügel um, falls es noch weitere Rattenlöcher geben sollte. Ich will sicher sein, dass niemand entkommt. Die Hilfe nehme ich an, Lonn. Du kriechst zuerst in die Höhle! Es wird deine Aufgabe sein, Merur dort unten rauszuholen. Dann komme ich und hinter mir Mina, um den Weg anzuweisen. Willst du noch immer helfen?" Ihre Worte klangen höhnisch.

„Ein toter Mann ist schwerer aus der Höhle zu ziehen als ein lebender", sagte Lonn darauf leise und gab damit zu erkennen, dass es ihn nicht schreckte, der Erste zu sein. Diese Reihenfolge machte einen Verrat unmöglich. Außerdem waren Mindaras Kämpfer an der Oberfläche eine erdrückende Übermacht.

„Es hört sich an, als ob dieser Mensch jetzt zwischen dem Weinen singt!", rief Sirin verblüfft vom Höhleneingang herüber.

„Also auf!", entschied Mindara. „Der da unten ist anscheinend ganz munter, wenn er noch singen kann."

Lonn kletterte vorsichtig in den Spalt und spürte sofort das Gefühl der Enge. Mindara folgte ihm dichtauf. In einer Hand hielt sie ihren gefährlichen Dolch, aus dem Schienbeinknochen eines Hirsches gefertigt, lang und nadelspitz. In der kleinen Kammer wies Mina die beiden an, die mittlere Röhre zu nehmen. Plötzlich hörten auch sie den Singsang. Die merkwürdige Stimme war jetzt nah genug, dass sie die Worte verstehen konnten: „Hilf mir aus dem Tongefäß … sei ein guter Geist. Lass mich nicht in Dunkelheit … weil ein Wurm mich beißt."

Das Lied eines Kindes, dachte Mindara, die Stimme eines Mannes. Sollte Lonn recht haben? Ihr war unheimlich zumute. Mina erging es ebenso.

„Merur!", rief der Verwachsene. „Hier ist Lonn. Wir helfen dir!"

Der Eingeklemmte zog sich ängstlich zusammen. Er gab keinen Laut von sich und erwartete das Schreckliche, das ihm in seiner Vorstellung näher kam.

Lonn wiederholte: „Hier ist Lonn. Wir helfen dir."

Merur lauschte der Stimme nach. Sie klang bekannt. Nicht der Wurm! Der Allmacht sei Dank! Es ist der gute

Geist. Er hilft mir aus dem Gefäß. Endlich! Er schluchzte wieder, diesmal vor Erleichterung.

„Wie weit ist er vor dir?", fragte Mindara. Auch sie hörte das Schluchzen.

„Sehr nah, vielleicht eine Körperlänge. Aber hier geht's nach unten", gab Lonn zurück. „Mit Glück komme ich noch etwas voran."

„Wie geht der Gang vor ihm weiter?", fragte Mindara nach hinten zu Mina.

„Gleich nach unten, dann ein kurzes Stück gerade und wieder scharf aufwärts. Es wird immer enger", antwortete sie.

„Ich spüre Merurs Füße", kam Lonns tiefe Stimme aus der Finsternis.

Mindara zog sich mühsam voran und tastete nach dem Verwachsenen. Der Mann ist klug, dachte sie, als ihre Hände seine Waden spürten. Er hat sich gedreht und ist auf dem Rücken abwärts geglitten. Die Unterschenkel aufgelegt. So hat er etwas mehr Halt. Doch wenn er jetzt abrutscht und ich ihn nicht halte, wird er kaum wieder hochkommen.

Mindara spürte den gefährlichen Reiz der Macht, über ein Leben bestimmen zu können. Sie entschied sich. „Kein Stück weiter, Lonn!", rief sie und packte mit ihren starken Händen seine Waden. Besorgnis klang in ihrer Stimme mit. Vielleicht war es diese Besorgnis, die Lonn spürte und seine Kräfte stärkte.

Merur schluchzte nicht mehr und verfiel wieder in seinen Singsang.

„Ruhig, Merur, bleib ruhig. Der gute Geist hilft dir", sagte Lonn und zog mit aller Kraft. Er sagte es immer wieder. Vielleicht würde es Merur helfen, sich zu entkrampfen. Es ging nicht. Seine Beine fühlten sich steif und kalt an. Das Schlimmste war, dass sie übereinandergeschlagen eingeklemmt lagen. Lonn überlegte, griff dann mit äußerster Kraft zu. Ein Knochen brach mit hässlichem Knirschen, als er Merur freibekam.

Der Mann spürte keinen Schmerz, nur große Erleichterung. In seinem Kopf zerbrach das schreckliche Tongefäß.

Die Sonne stand schon tief über dem Festland, als Merur aus der Höhle geschoben und gezogen wurde. Alle sahen auf den muskelbepackten Mann, der auf seinen Knien vor dem Höhleneingang herumkroch und vor sich hin brabbelte. Seine Hände wühlten im Sand und wollten verzweifelt etwas formen. Ein Bein zog er in einer merkwürdig abgeknickten Stellung nach. Tirkan sah Harp an. Der schüttelte den Kopf. Merur war an Mankits Tod nicht schuldig.

Harp gab Tirkan eine in Ulmenbast geflochtene Wasserflasche. Der Junge ging zu Merur, bog ihm den Kopf nach hinten und ließ ihn trinken. Gierig schluckte Merur das Wasser. Seine Hände wühlten dabei weiterhin im Sand.

„Was soll mit ihm geschehen?“, fragte Mindara.

„Gute Geister“, murmelte Merur und sah mit stumpfen Augen um sich. „Ich mache euch Tongefäße, viele große Gefäße. Gebt mir Lehm!“, bettelte er. Speichelfäden liefen aus seinen Mundwinkeln.

„Er ist nicht der zweite Mann gewesen, der Mankit tötete. Seine Füße sind viel größer. Ich glaube Lonns

Worten“, sagte Harp. „Der Dorferste Barin soll über ihn entscheiden.“

Erstaunt sahen sie, wie der verwachsene Lonn den großen Merur mühelos aufhob und Harp mit seinem schwarzen Auge fragend ansah: „Sein Bein musste ich brechen … er kann nicht laufen.“

„Es ist gut, Lonn. Du kannst selbst entscheiden, was du tun willst. Aber er …“, Harp zeigte auf Grigo, der an einen Baum gefesselt war, „er soll verschwinden. – Nimm dein Boot und berichte dem Ersten der Insel, was hier geschehen ist. Halte dich an die Wahrheit, rate ich dir. Wo sind eure Boote?“

„Im Schilf versteckt“, antwortete Grigo. Große Erleichterung zeichnete sich auf seinem Gesicht ab.

„Das waren sie“, mischte sich Tirkan ein. „Ich habe die Boote gefunden und versenkt, am Auslauf des Flusses ins Meer. Glaube nicht, dass ich dich auch noch hinführe, Grigo. Von mir aus kannst du zur Insel schwimmen.“

„Noch einer für die Festung“, flüsterte Mindara Harp ins Ohr.

„Ich weiß“, sagte er leise. „Aber zu einem Kämpfer machst du ihn nicht. Er wird einmal der Dorferste sein. Und er soll mir beim Bau des Steingrabes helfen. Mankit soll einen würdigen Grabplatz bekommen.“

„Du willst ein großes Steingrab für Mankit bauen? Darüber musst du mit Om und Kum sprechen. Komm jetzt, ich will das Feuer sehen.“

Am Flussufer brannte ein gewaltiger Holzstoß. Wie eine Mahnung der Allmacht zog der Rauch nach Südosten über die große Bucht zur Insel. Die ganze Nacht feierten die Dörfler mit den Leuten der Festung den glücklichen Ausgang der Bedrohung. Barin ließ sich von Tirkan, Mina, Harp und Mindara wieder und wieder die Einzelheiten erzählen.

Der zusammenstürzende Scheiterhaufen riss Barin aus seinen Gedanken. Der alte Mann stand auf, warf noch einen Blick ins Feuer und ging an den Fluss. Mina und Tirkan folgten ihm.

Merur saß am Ufer. Aus Flusslehm formten seine Hände eine große Schale, versuchten es jedenfalls. Den Kopf schwenkte er hin und her und murmelte dabei: „Guter Geist, großes Gefäß für den guten Geist."

Wenige Schritte weiter hockte Lonn, die Arme um den Körper gelegt. Er sah aus wie ein großer Stein am Strand, ein Findling. Er fühlte sich uralt, einsam: Welches Schicksal haben sie mir zugedacht?

Barin ging zu ihm und sagte: „Du kannst im Dorf bleiben, Lonn. Wir werfen dir keinen Frevel mehr vor. Es gibt genug zu tun. Genug Brot für alle, wenn wir fleißig sind und die Ernte etwas einbringt."

Der Verwachsene hob den Kopf und starrte Barin an. Er konnte es nicht glauben.

Mindara kam mit schnellen Schritten heran. Ihr Gesicht war nicht mehr weiß gefärbt. Sie legte eine Hammelkeule in Lonns Hände und sagte: „Iss! Du wirst Hunger haben. Harp lässt dich fragen, ob du helfen willst, ein großes Steingrab für Mankit und das Dorf zu bauen. Man meint, du hättest Kräfte, die wir gut brauchen können."

„Ich bleibe gern. Und ich helfe gern." Mehr brachte Lonn nicht heraus. Sein Herz vollführte einen wilden Tanz.

„Komm jetzt!“, sagte die große Frau in freundlichem Ton. „Es ist warm am Feuer, auch wenn es ein Mörderfeuer ist. Erzähl mir von der großen Insel.“ Sie zog ihn vom Boden hoch und sagte noch: „Merurs Bein muss sich zunächst selbst helfen, bis es geschient wird. Sein Geist hat in der Höhle Schaden genommen, du hattest recht. Aber vielleicht kann er wirklich Tongefäße fürs Dorf machen. Es wird ihm keiner etwas zuleide tun. Sie vergreifen sich nicht an Hilflosen, auch wenn diese Schuld auf sich geladen haben.“

Mina und Tirkan verdrückten sich unauffällig in der Nacht. Sie gingen Hand in Hand. Nur der alte Barin bemerkte es und freute sich. Frieden ist eingekehrt. Es wird der Allmacht gefallen, dachte er.

Am Vormittag gab es nur noch einen Haufen Asche, wo Brenks Körper verbrannt war. Harp schaufelte die Asche mit einem Holzspaten in den Fluss. Die Scheibenkeule war in der gewaltigen Hitze in zwei Teile gesprungen. Sieh an, dachte er, die Hitze war selbst dir zu viel. Gut so. Ich nehme es als Zeichen. Aber du wirst so gründlich verschwinden wie dein Besitzer.

Er zerschlug die Bruchteile mit einem Kopfstein zu Krümeln. Der erste Teil meiner Bestimmung ist damit vollbracht, Mankit, dachte er, der zweite erfüllt mich mit Furcht.

12. Kapitel: Unheimliche Pläne

Sie saßen zu viert auf der hohen Kante des Feuersteinkliffs und beobachteten von oben den Transport des letzten Decksteines der Grabkammern: Tirkan, Mina, Mindara und Lonn. Von unten herauf klang Harps harsche Stimme: „Hooo Zug! Hooo Zug! Nicht lahm werden, faule Bande! Treibt die Tiere fester an! Macht voran!"

Der gewaltige Granitfindling rutschte, auf Schlitten und Baumstammrollen liegend, von Ochsen und Menschen gezogen, ein Stück weiter. Die Rollen drehten sich sehr schlecht in dem nassen Sand des Strandes und drückten ihn vor sich hoch. Vor den Rollen musste der Sand immer wieder weggeschaufelt werden.

„Harp hat sich sehr verändert", sagte Tirkan.

„Du hast dich auch verändert", meinte Mina und lachte. „Es vergeht kein Tag, an dem ich nicht etwas von dir lernen soll. Früher musste ich dir alles aus der Nase ziehen."

„Ich meine etwas anderes, Mina. Harp denkt nur noch an das große Steingrab. Er lächelt nicht einmal mehr und arbeitet, solange das Tageslicht es erlaubt. Die Helfer aus der Festung murren schon lange. Harp lässt weder den Ochsen noch den Menschen genug Ruhe fürs Essen."

„Harp wird erst zur Ruhe kommen, wenn das Grab fertig ist und er seine Frau mit einer Totenfeier ehren kann", sagte Mindara. „Was weißt du schon davon, wie es ist, die Liebste zu verlieren? Ihr Jungen kennt einen solchen Verlust zum Glück nicht. Mach dir keine unnötigen Sorgen. Ich kenne meinen Schwestermann Harp länger als du."

Lonn starrte vor sich hin. Er dachte ganz anders über Harp als Mindara. Es waren unheimliche Gedanken. Er wollte mit Mindara darüber sprechen, wenn die jungen Leute nicht zuhören konnten.

„Komm schon, alter Brummbär!", neckte ihn Mindara und zog an seinem großen Ohr. „Gehen wir helfen! Deine Taten beim Bau sind schon in aller Munde. Es ist der letzte Deckstein. Wenn er am Bauplatz ist, hört die allerschlimmste Plackerei auf."

Lonn vergaß seine trüben Ahnungen und folgte ihr zum Strand. Die großen Steine für Grabeinfassung und Grabkammern wurden sonst eher im Winter transportiert, denn auf gefrorenem Boden rollten sie viel leichter. Harp war das egal. Er erzwang den Bau im regenreichen Herbst.

Im Dorf wusste man schon lange, dass Mindara dem verwachsenen Lonn mehr zugewandt war, als Freundschaft und gegenseitige Achtung es erwarten ließen. Aber keiner wagte, darüber zu spotten. Mindara war eine mächtige Frau, die wusste, was sie wollte. Immer häufiger kam sie zum Dorf am See, um den Fortgang der Arbeiten am Steingrab zu verfolgen.

„Mindara kommt wegen des verwachsenen Lonn", munkelten einige. „Was soll nur aus solcher Gemeinschaft entstehen?" Die Bauern im Dorf hatten jedenfalls Gesprächsstoff.

Ein wirkliches Problem war etwas anderes: Die Helfer aus der Festung mussten ernährt werden. Das war nicht leicht, denn die Felder und der Viehbestand waren nicht groß genug, um vierzig Menschen mehr mit Nahrung zu versorgen, die nur am Bauplatz arbeiteten. Die jungen Leute mussten herbeischaffen, was nur zu fangen war. Zwar brachte Mindara bei jedem Besuch eine Wagenladung Getreide und Räucherfleisch mit. Das reichte aber nicht, um die hungrigen Mäuler ausreichend zu versorgen.

Randok war inzwischen Wächter des Tores in der Festung geworden. Er durfte Mindara immer auf dem Weg der Nahrungslieferung von der Festung zum Dorf begleiten. Seit dem Ereignis mit Brenk im Wald hatte er bei ihr große Achtung errungen.

„Meinst du nicht, wir sollten noch vor dem Aufrichten der Steine ein Fest geben?“, fragte Lonn vorsichtig.

Harp sah ihn entrüstet an. „Ein Fest? Bist du von Sinnen, Lonn? Ich will nicht, dass auch nur ein Tageslauf mit Muße vergeudet wird.“

„Ein bisschen Muße kann niemandem schaden, Harp, das stärkt eher den Arbeitswillen der Leute. Die Helfer sind erschöpft.“

„Bist du nun für meine Sache oder dagegen?“, antwortete Harp scharf und kniff dabei die Augen zusammen.

„Ich bin für deine Sache und den schnellen Fortgang der Arbeit. Gönne ihnen trotzdem ein Fest. Du kannst nur dabei gewinnen.“

Harp dachte einen Moment nach. „Gut, Lonn, ich nehme deinen Rat an. Aber noch heute soll der letzte Deckstein vom Strand hoch auf das Land gebracht werden. Dann ist Grund genug zum Feiern und es mag morgen Abend ein Fest geben."

Am Strand kamen die Arbeitenden zügig voran. Es war Lonns Vorschlag, Baumstämme als Unterlage für die Holzrollen unter und vor dem Stein auszulegen. Sie wirkten wie Schienen. Am Tag zuvor war es nur langsam vorwärts gegangen, weil die Rollen im Sand einsackten und ihn vor sich aufwölbten. Jetzt glitt der Schlitten auf Rollen zügig vorwärts. Den Männern machte es Freude, die Ochsen anzutreiben und ihre Kräfte voll einzusetzen.

„Du kannst sagen, was du willst", sagte einer, „der verwachsene Lonn weiß, wie es leichter geht. Ohne ihn wäre der Stein noch da hinten und Harp hätte uns erbarmungslos weiter geschunden. Hast du auch schon von dem Fest morgen im Dorf gehört?"

„Sei still und streng dich an, sonst vergisst Harp das Fest noch", antwortete sein Nebenmann, steckte das Zugholz in den Rollstamm, der hinter dem Stein freigekommen war, schlang ein Seil zweimal darum und ließ den Ochsen anziehen. Das kräftige Tier schleppte den schweren Holzstamm geduldig vor den Stein.

Erst um Mitternacht erreichte Harp seinen Wohnbaum auf dem großen Hügel, öffnete die Tür und trat in die Baumhöhle. Er war schon einige Zeit nicht mehr hier gewesen, um Mankit mit Speise, Trank und Blumen zu versorgen. Die Arbeit am Steingrab forderte all seine Kraft. Um Licht zu haben, schlug er Funken mit Feuerstein und Schwefelkies. Die Funken fielen in ein Nest aus geriebenem Zunderschwamm und erzeugten kleine

Glutpunkte. Durch sanftes Pusten wuchsen sie schnell zu Glutherden, aus denen er mit Rohrkolbenwolle und trockenem Gras das erste Flämmchen gewann. Er hielt den Docht seiner Fettlampe über die kleine Flamme und entzündete ihn. Dann drückte er den brennenden Docht vorsichtig in die Lampenschale. Das Feuer füllte den Raum mit freundlichem Licht. Nachdenklich stand er vor Mankits Kopf und betrachtete die welken Blumen.

„Ich habe dich vernachlässigt. Das Steingrab wird bald fertig. Es ist für dich. Auf weißem Feuerstein sollst du ruhen. Und nicht allein. Sei nicht betrübt, dass ich deinen Mörder nicht richten konnte. Er hat sich selbst gerichtet. Seine Asche habe ich dem Fluss übergeben und die Keule zerschlagen. Der zweite Mann wurde von ihm selbst getötet. Die Zeit des Wartens auf Rache ist vorbei."

Er nahm den trockenen Strauß, strich zärtlich über den Schädel mit dem geschminkten Tongesicht und wünschte sich sehnlichst, dass Mankit antworten würde. Er leerte die alten Speisegaben auf die Herdstelle und säuberte die Tongefäße. Frisches Wasser und Räucherfleisch als Speisegabe hatte er in der Ledertasche mitgebracht, den Großteil seines eigenen Essens, denn Harp aß nur noch das Notwendigste, um sich am Leben zu halten.

Er gönnte sich wenig Schlaf und arbeitete vom ersten Morgenlicht bis in die Nacht.

Tirkan, Mina, Barin und Großmutter Nuri saßen im Haus des Dorfersten und ließen es sich gut gehen. Fleisch und Brot machten die Runde. Mindara, Randok und Lonn kamen dazu.

„Greift zu. Es ist genug zum Essen da." Selbst wenn die Nahrungsmittel knapp waren, hatte Großmutter Nuri immer noch heimliche Vorräte, um Gäste zu verwöhnen.

„Der letzte Deckstein ist bald auf dem Begräbnishügel", sagte Mindara fröhlich. „Harp hat seinen Willen und wir ein Fest, so sind alle zufrieden. Die Männer mögen nicht mehr nur arbeiten. Ich habe den Frauen gesagt, dass sie morgen Abend zum Dorf kommen sollen. Wir wollen tanzen und Harp endlich wieder einmal lachen hören. Wo ist er überhaupt?"

„Er ist fortgegangen, als der große Deckstein oben auf dem Kliff war", sagte Lonn und flüsterte Mindara dann ins Ohr: „Ich mache mir große Sorgen um ihn. Er ist mit seinen Gedanken mehr bei den Toten als bei den Lebenden. Es geht ihm nicht um den Grabbau allein."

Die große Frau erschrak. „Warum sagst du mir das erst jetzt?"

Tirkan hörte nicht, was Lonn sagte, aber er spürte die Sorge der beiden. Er wollte sich um Harp kümmern, das nahm er sich vor.

Die jungen Leute überließen die Älteren ihrem Gespräch und liefen zum Feuersteinkliff.

„Ihr seid ein Paar", sagte Randok bedrückt. „Das weiß hier jeder. Und ich möchte um Muhn werben. Sie gefällt mir sehr. Was soll ich tun? Könnt ihr mir raten?"

„Tanz auf dem Fest mit ihr, Randok", meinte Mina. „Aber soviel ich weiß, neigt sich ihr Herz Konge zu. Du wirst wenig Erfolg haben mit deiner Werbung um sie."

„Konge?", sagte Randok erstaunt. „Da habe ich anderes gehört. Muhn zieht ihn doch sooft wie möglich wegen seiner Schwächen auf ..."

„Mag sein", unterbrach ihn Mina. „Vielleicht ist das ihre Art, ihm Aufmerksamkeit zu zeigen. Sie meint ihren Spott selten ernst, auch wenn Konge das nicht merkt und wie ein geprügelter Hund umherschleicht."

„Du kannst einem alle Hoffnungen rauben, Mina", meinte Randok traurig.

„Gibt es in der Festung keine, die dir gefällt?", fragte Mina. „Da laufen doch genug Frauen herum."

„Darum habe ich mich nicht gekümmert. Als Wächter des Tores soll ich anderes tun als den Frauen nachschauen."

Mina lachte. „Haben dir das die anderen Wächter gesagt? Lass dir keinen Unsinn einreden. Wie willst du sonst erfahren, welches Mädchen dir zugetan ist, Randok? Sie wollen doch beachtet und umworben werden. Mir geht das jedenfalls so ..."

Tirkan hörte kaum zu. Seine Gedanken kreisten um Harp.

Das erste Morgenlicht kam über das Meer. Merurs Hände wühlten in der Asche der Erdgrube, in der er seine Gefäße brannte. Der Rand eines größeren Gefäßes wurde sichtbar. Großmutter Nuri, Barins Frau, trat aus dem Haus und ging mit einem dampfenden Getreidebrei in einer Holzschale zu dem einsamen Töpfer mit dem verwirrten Geist.

Der große Mann sah sie kommen und wühlte erschrocken wieder Asche über das Gefäß. Er zog einen kleineren Topf aus der Brenngrube, der dem großen sehr ähnlich war, und hielt ihn Nuri entgegen. „Nicht sehen, hat der gute Geist gesagt, nicht sehen", flüsterte er leise.

Dabei schwenkte er wie immer seinen Kopf hin und her.

„Das hast du schön gemacht, Merur“, sagte Nuri und strich dem Töpfer sanft über die verfilzten Haare. „Iss jetzt! Du hast die ganze Nacht vor der Brenngrube gehockt. Ohne Essen wirst du bald keine Gefäße mehr machen können.“

Der Kranke griff mit der Hand in den heißen Brei und schluckte gierig. Den Holzlöffel ließ er achtlos fallen. Die alte Frau kniete sich neben ihn, nahm dem Mann die Holzschale aus der Hand und fütterte ihn.

„Du bist sehr krank, Merur. Ein Wunder der Allmacht, dass du mit deiner Krankheit noch solch schöne Arbeit aus Lehm machen kannst." Nuri strich bewundernd über den fein geglätteten Ton mit den weißen Linien. Dann ging die alte Frau zum Haus zurück, um das Brot aus dem Backofen zu holen.

Harp stand wie aus dem Boden gewachsen hinter Merur. „Hast du es fertig?"

Merur schrak zusammen und drehte sich hastig um. Dabei hob er abwehrend und ängstlich seine Hände. Die Stimme hatte kalt, streng und drängend geklungen. „Guter Geist. Großes Gefäß für guten Geist. Andere nicht sehen!", brachte Merur stotternd heraus.

Harp sah auf das abgewinkelte Bein. Es war schief angewachsen. Merur würde nie wieder gut laufen können. Mitleid überkam Harp und er sagte freundlicher: „Das Gefäß, Merur. Ich muss es jetzt haben. Gib es mir doch!"

Das von Furcht verzerrte Gesicht des Töpfers entspannte sich etwas und er zog das große Tongefäß aus der Asche. Zitternd hielt er es Harp entgegen, als hätte er Angst vor einem Schlag. Der Kranke spürte das Dunkle, Unheimliche, mit dem der hagere Mann zu kämpfen hatte.

Er legte den Kopf auf die Seite und wiederholte: „Großes Gefäß für guten Geist. Andere nicht sehen!"

„Schon recht, Merur. Ein schönes, großes Gefäß für den guten Geist." Hastig öffnete Harp seine Tasche aus geflochtenem Ulmenbast und ließ es vorsichtig hineinrutschen. Bevor er sich zum Gehen wandte, zögerte er noch einen Moment und legte einen geräucherten Barsch neben den Kranken.

Merur griff danach und schlang ihn mit Kopf und Gräten hinunter.

Nur Tirkan hatte Harps heimlichen Besuch am Morgen bemerkt. Er sah, wie Harp etwas Großes in seine Tasche steckte, und wunderte sich. Was wollte Harp mit einem Gefäß? Vielleicht lag darin ein Hinweis auf sein merkwürdiges Verhalten. Harp verschwand so eilig, dass er es nicht schaffte, ihm zu folgen.

Um die Mittagszeit kamen die Frauen der Festung zum Dorf. Mindara, Sirin und Nuran waren dabei. Mehr als hundert Menschen machte der lange Zug zum See aus. Mitten darin saßen Om und Kum auf einem festlich geschmückten Holzwagen. Die beiden Alten sahen sich das Gewimmel an und freuten sich auf ein Wiedersehen mit Harp.

Kums Vorfreude aber war nicht ungetrübt. „Mindara ist in letzter Zeit so zurückhaltend, wenn wir nach Harp fragen", sagte sie nachdenklich. „Seine Gedanken sind nur beim großen Steingrab, hat sie erzählt."

„Na und? Kum, das ist doch nicht ungewöhnlich. Ein so großer Bau für Mankit und das Dorf. Da wird der Baumeister schon alle Kraft benötigen."

„Mindara sagt, er isst kaum mehr etwas", setzte Kum bedrückt hinzu.

„Das wundert mich auch nicht. Außerdem hat er nie mehr gegessen als ein Jüngling. Eine schlanke Birke, unser Harp. Nicht wie ich." Om schlug sich genüsslich auf seinen Bauch. „Die Eiche braucht viel Platz und Nahrung, die Birke weniger. Was sorgst du dich?"

„Ich weiß nicht. Harp ist kein Jüngling mehr, aber noch kein alter Mann wie du. Irgendetwas gefällt mir nicht recht."

„Dann will ich dich beruhigen. Das Grab muss fertig werden. Das ist Harps Bestreben. Du weißt genau, dass das Fest nur der eine Grund für uns ist, mit so vielen Menschen hierher zu kommen. Die Decksteine sollen auf das Grab. Harp weiß doch nicht, dass die halbe Festung auf den Beinen ist, um mitzuhelfen."

Kum antwortete nicht. Er ist mit den Gedanken mehr bei den Toten als bei den Lebenden. Das hatte Lonn gesagt. Hätten wir nur mehr von solchen Menschen, die etwas ahnen und manches Schlechte verhindern könnten. Unser Heiler ist noch älter als wir. Es gibt zurzeit keinen Nachfolger für ihn in der Festung.

Vielleicht ist Lonn ein Heiler, dachte Kum. Es wäre gut zu wissen, dass bei uns wieder ein jüngerer Mensch ist, der bei Krankheit in Körper und Geist das Richtige tut.

13. Kapitel: Der Unfall

Die Trägersteine wurden aufgerichtet. Randoks Vater sprang wie eine Dohle umher. Das Mauerwerk aus Quarzitsteinen zwischen den Trägern sollte lückenlos sein. Er beschäftigte ein Dutzend Männer und riss immer wieder einen Stein heraus, der nicht richtig lag. Sie murrten und bekamen zusätzlich reichlich Sand auf ihre Rücken. Die anderen Männer begannen, die Rampe für die Decksteine aufzuschütten.

„Macht voran!", drängte Harp.

„Wie sollen wir vorankommen", rief einer ihm gallig zu, „wenn dieser Plagegeist uns die Steine wieder herausreißt? Keiner kann es ihm recht machen!" Er zeigte auf Randoks Vater, der beim Spalten und Aufsetzen des Mauerwerks zwischen den Trägern ein Meister war.

„Macht endlich voran!", wiederholte Harp stur. „Bis zum Abend ist die Kammer fertig. Das Fest wartet auf euch, wenn das Werk so weit gediehen ist. – Lass die Männer in Ruhe arbeiten!", befahl er Randoks Vater. „Kümmere dich nur um das Zwischenmauerwerk. Es wird unter deinen Händen gut gelingen. Dann sorge für ein Feuer, damit die Feuersteinschüttung im Kammerinneren gebrannt werden kann. Ich habe anderes zu tun!"

Randoks Vater ging mit stolz erhobenem Kopf an seine Arbeit. Der Baumeister hatte ihm die schwierige Arbeit an den Zwischenmauern übertragen und sein Können hervorgehoben.

Lonn und Tirkan mühten sich bei den Holzstämmen für die Rampe.

„Genügt es nicht, wenn der Sand gut festgestampft wird?“, fragte Tirkan und wischte sich den Schweiß aus dem Gesicht.

„Das glaube ich nicht, Junge. Du hast doch gesehen, wie sich die Rollstämme am Strand verhalten haben. Die Decksteine sind ungeheuer schwer.“

„Was gibt es?“, fragte Harp und sah zu, wie Tirkan und Lonn den Baumstamm in die richtige Lage hebelten.

„Wir brauchen die Hölzer als Unterzüge auf der Rampe. Hast du etwas auszusetzen?“, brummelte Lonn, der den groben Ton des Baumeisters bei seinen Weisungen nicht anerkennen mochte.

„Nichts auszusetzen, macht weiter voran … schneller!“ Harp hielt sich nicht mit einem weiteren Gespräch auf.

„Er redet nichts anderes mehr als ‚Macht voran!‘“ Lonn sagte es leise, sodass Tirkan ihn nicht verstehen konnte.

Der Arbeitsdruck auf der Baustelle wurde immer größer. Harp trieb die Männer zu Höchstleistungen.

Randoks Vater war damit beschäftigt, die Steinplatten für die letzte Lücke bereitzulegen, und stand im Weg, als der Träger gerade hochgezogen wurde.

„Verschwinde da unten!“, brüllte einer der Männer ihm zu, als die Ochsen die Seile spannten und die Hebel angesetzt wurden.

„Du hast mir gar nichts zu befehlen!“, brüllte Randoks Vater zurück.

Ein schwarzer Granitträgerstein, der die Form einer Birne hatte, das Schwergewicht unten, sollte herangeschafft werden.

„Lass ihn!“, rief Harp zu dem Mann hinüber, der Randoks Vater gewarnt hatte. „Er weiß sein Tun genau einzuschätzen. Zieht endlich an!“ Dabei trommelte er ungeduldig mit den Fingern auf seine Oberarme.

Der Ochse war müde, erschöpft. Als sich der tonnenschwere Findling langsam bewegte, rutschte er aus und brach in die Knie.

„Du Mistvieh!“, rief Harp und sprang zu dem Tier. Er riss einem der Männer den Stock aus der Hand und prügelte in sinnloser Wut auf den Ochsen ein. Mühsam kam das Tier wieder hoch und zog an. Der Baumeister schlug weiter.

Lonn hob den Kopf und runzelte die Stirn. Das ging ihm entschieden zu weit. „Siehst du nicht, dass er nicht mehr kann, Harp?“

Zu einer Antwort kam Harp nicht mehr. Das Seil riss, pfiff wie eine Peitsche zurück und traf Randoks Vater an der Brust. Der Mann wurde gegen den Stein geworfen und prallte mit seinem Hinterkopf auf. Der Stein kippte zurück. Die Männer auf der Rückseite ließen die Hebelstämme los und sprangen rückwärts. Randoks Vater lag auf dem Stein und rührte sich nicht.

Lonn rannte in die Grabkammer und nahm ihn vorsichtig hoch. Er drehte sich mit ihm zu Harp herum und funkelte ihn mit dem schwarzen Auge an. Seine Stimme klirrte: „So musste es kommen. Das ist deine Schuld, Harp."

„Eine Trage! Los, knotet eine Trage zusammen! Schafft ihn vorsichtig ins Dorf. Großmutter Nuri soll sich um ihn kümmern. Kehrt dann aber sofort zurück", befahl Harp.

Die Arbeiter sahen ihn sprachlos an.

„Was glotzt ihr mich an wie die Ochsen? Die Arbeit geht weiter! Auf! Spannt das müde Tier aus und holt die Ausgeruhten. Soll ich euch Beine machen?"

Die Männer flüsterten sich zu, als sie die strengen Befehle ausführten. „Er ist besessen. Jawohl, besessen", murmelte einer.

„Ich werde Randoks Vater mit zum Dorf bringen!", rief Tirkan. „Hier hält mich nichts mehr!" Seine Stimme zitterte vor Wut und Enttäuschung über das Verhalten des Freundes.

Randoks Vater rührte sich nicht. Auf der Schädelmitte rann Blut durch seine Haare. Er war bewusstlos.

Im Dorf angekommen, lief Tirkan voran und rief nach Großmutter Nuri. Die alte Frau rannte aus dem Haus. Sie schlug die Hände über dem Kopf zusammen, als sie den Verletzten sah. „Sofort ins Haus mit ihm und warmhalten. Holt heißes Wasser und weiche Tücher. Wie konnte das passieren?", fragte sie die Träger.

„Das musste passieren“, sagte der eine. „Harp überlastet Arbeiter und Ochsen. Heute hat er ein müdes Tier so geprügelt, dass es zum Unglück kam.“

„Was ist nur in ihn gefahren?“, fragte Großmutter Nuri und sah Tirkan dabei an.

„Er will heute noch die Kammer fertig haben. Um jeden Preis. Ohne Sinn treibt er uns an. Nicht einmal auf Lonn hört er“, sagte Tirkan. „Manchmal frage ich mich, ob er den Tod sucht“, setzte er leise und traurig hinzu.

Was hast du gesagt?, wollte Nuri noch fragen, aber plötzlich drang Minas fröhliche Stimme zu ihnen.

„Sie sind da!“, rief Mina und kletterte vom Aussichtsbaum. Sie hatte die Aufgabe übernommen, die Gäste anzukündigen. „Es sind viele, die halbe Festung. Ein ganzer Zug mit Ochsenwagen!“

„Zum Glück“, seufzte Nuri. „Hoffentlich ist der alte Heiler dabei. Nur er kann etwas für Randoks Vater tun.“

Die Dämmerung zog herauf, als die Leute aus der Festung in das Dorf einzogen.

„Schluss jetzt!“ Harp klatschte in die Hände. „Die Kammer ist fertig, das Ziel erreicht!“, rief er.

„Aber um welchen Preis? Wir haben einen Schwerverletzten“, sagte Lonn.

„Man kann nicht verhindern, dass die Vögel des Kummers und der Sorge auch über unseren Köpfen fliegen“, antwortete Harp.

„Aber wir können verhindern, dass sie Nester auf unseren Köpfen bauen“, gab Lonn zurück.

„Ich habe das Seil doch nicht durchgeschnitten!“, rief Harp empört.

„Du hast einer klugen Warnung keine Beachtung geschenkt und den Ochsen zu sehr geschlagen. Ich will dir diese bitteren Worte nicht ersparen“, gab Lonn zurück.

Harp senkte den Kopf und sagte leise: „Wenn du mich nur besser verstehen könntest, Lonn. Es tut mir leid. Aber ich kann das Unglück nicht ungeschehen machen.“

„Ich befürchte, ich verstehe dich viel zu gut. Das macht mir Angst. Aber du kannst zumindest verhindern, dass noch ein Unfall passiert.“

„Dazu wird es nicht mehr kommen“, sagte Harp zweideutig.

Lonn wollte noch etwas sagen. Aber er schwieg.

Die Männer ließen ihre Arbeit liegen und reckten sich. Ihre Rücken und Muskeln schmerzten.

Ein Fest! Endlich ein großes Fest für ihre Mühe und den Schweiß. Alle liefen voller Vorfreude zum Dorf.

Nur Lonn blieb am Bauplatz, knotete die Ochsen los und führte die starken Helfer hinunter an den Fluss zum Trinken. „Sie haben euch vergessen. Ja, trinkt nur fleißig, das habt ihr euch redlich verdient, kosche, kosche … Die Menschen vergessen leicht“, sagte er vor sich hin.

„So leicht vergessen nicht alle Menschen, du Brummbär“, sagte eine Stimme hinter Lonn. Es war Mindara. „Trink du auch einen Schluck! Die Tiere sind ja gut versorgt. Ich freue mich auf das Fest. Alle werden erfahren, wie wir zueinander stehen“, sagte sie und reichte ihm eine Tonflasche mit Gegorenem.

Lonn wunderte sich, dass er seine Gefährtin nicht hatte kommen hören. Früher wäre mir das wohl nicht so leicht geschehen, dachte er, und meinte: „Glück trübt, scheint mir, die Ohren. Du Schleicherin.“

„Zu viel Arbeit trübt das Glück“, antwortete Mindara schlagfertig und umarmte ihn. „Du kannst auch gleich hier mit mir tanzen, wenn die anderen dich stören. Warum bist du noch nicht im Dorf?“

„Ich bin böse, weil Harp ständig bei der Arbeit drängt und einen schweren Unfall verursacht hat.“

„Randoks Vater. Ich habe es schon gehört. Eine schlimme Verletzung. Hoffentlich kann der alte Heiler ihm helfen. Aber komm jetzt. Ich bin froh, dass du gesund bist!“

Lonns Herz machte kleine Sprünge. Eine solche Frau zur Gefährtin war ein Geschenk der Allmacht.

14. Kapitel: Ein Fest ohne drei

Der hagere Mann war zum Feuersteinkliff gegangen und sah nachdenklich aufs Meer. Er drehte sich um, als die Stimmen, die der Wind vom Bauplatz herübertrug, leiser wurden. Alle Umfassungssteine standen. Sie sahen von Weitem wie eine Reihe von großen Hirschzähnen aus. Die hereinbrechende Dämmerung verschluckte ihre Farben. Dann die Formen. Die Dämmerung wich der Dunkelheit.

Dieser Abend noch. Die Nacht gehört uns, dachte Harp und sah zum großen Hügel hinüber. Er dachte wehmütig an den Wohnbaum und an das, was vor ihm lag.

Es wurde kühl. Harp fröstelte und schloss die Jacke aus Brennnesselfasern mit Geweihknöpfen. Der Himmel wölbte sein Sternenzelt über das Land zwischen den Meeren. Er hob den Kopf und dachte an die Größe der Allmacht. Die unendliche Anzahl der Nachtlichter. Keiner konnte sie zählen. Die Allmacht gab und nahm im ewigen Wechsel. Hatte er das Recht, das ihm Gegebene zu beenden? Möwen kreischten am Strand und stießen in die Brandung. Sie wollten noch einen Hering oder gar eine Makrele erwischen. Auch die Robben tummelten sich in dem reichlichen Nahrungsangebot und schnappten sich, so viel sie konnten.

Im Dorf am See gab es ein Gewimmel von Menschen, Tieren und Gütern. Lachen, Schreien, Blöken, Meckern und Quieken mischte sich zu einem Wirrwarr von Geräuschen. Die kleinen Kinder krochen zwischen den Beinen der Großen umher und brachten fast den alten Heiler zu Fall. Er stakste auf seinen langen, dürren Beinen an der Brandgrube vorbei, wo der kranke Merur seine Tongefäße fertigte. Nuri und Barin hatten Merur ein Holzgerüst gezimmert, auf dem die schönen Arbeiten aufgestellt waren, um vor den Kleinen sicher zu sein.

Wie krank der Töpfer auch sein mag, dachte der alte Heiler bei sich, er macht kunstvolle Gefäße.

Dann stelzte er eilig zu Barins Haus, wo Randoks Vater versorgt wurde. Er war noch nicht aus der Bewusstlosigkeit aufgewacht.

„Eine böse Geschichte. Eine sehr böse Geschichte", murmelte der alte Heiler, als er den Verletzten untersuchte.

Nuri hatte das Blut entfernt und hielt ein starkes Feuer in Gang, um die Nachtkühle zu vertreiben. Randok saß zusammengesunken an den Füßen seines Vaters. Ihm liefen Tränen herunter. „Wirst du ihn gesund machen, Heiler?", fragte er ängstlich. Keine Antwort.

Es war früher keine gute Zeit mit ihm gewesen. Aber das hatte sich geändert, seit Randok zur Festung gekommen war. Der Vater hatte seither nicht mit Lob gegeizt und Randok immer ein Stück Bernstein geschenkt, wenn er ins Dorf kam. Kein Trinken mehr. Es war sein Vater. Randok hatte Angst.

Der Heiler legte seine feinen Hände vorsichtig auf den Kopf des Kranken. Hände, die nie von schwerer Arbeit geschunden worden waren, um ihre Feinfühligkeit nicht zu zerstören. Er tastete den Kopf rundherum ab, vermied aber zunächst, der Wunde nahe zu kommen. „Es ist nur die eine Stelle, zum Glück. Jetzt will ich die Wundstelle von Haaren befreien." Der alte Mann öffnete eine Lederrolle und breitete sie aus. In genähten Einschüben steckten verschiedene Feuersteingeräte.

Gebannt sah Randok auf die Geräte des Heilers. Sie konnten Leben wiedergeben und auch Tod bringen, das wusste er.

Lonn trat ins Haus und schloss leise die schwere Tür.

„Wie geht es ihm?", flüsterte er Nuri zu und setzte sich.

„Er schläft den hilflosen, tiefen Schlaf."

„Eine Schädelöffnung könnte nötig sein …", brummelte der Heiler leise. „Wir wollen sehen …"

Eine Schädelöffnung! Randok erschrak bis ins Mark. Ein alter Kämpfer hatte die Operation vor Jahren überlebt und Randok gezeigt, dass der Knochen sogar wieder etwas zuwuchs, denn das ausgeschabte Knochenstück war größer als das Loch im Schädel.

Trotzdem fürchtete Randok um das Leben seines Vaters.

Beim größten Feuer saßen Om und Kum auf einem kleinen Holzgerüst, sicher vor der Kälte des Bodens und in Wolldecken eingepackt. Der weißbärtige Barin hockte auf einer Bank, Großmutter Nuri neben ihm.

„Wo sind denn der Baumeister und seine wichtigsten Helfer? Verstecken sie sich vor dem Tanz oder liegen sie schon mit Gegorenem gefüllt in den Abfallgruben?", dröhnte Oms Stimme in die große Runde der Frauen und Männer am Feuer.

„Einen davon habe ich mir eingefangen. Und zu viel Gegorenes kriegt er nicht in den Schlund. Dafür sorge ich schon!“ Mindaras große Gestalt trat vor. Sie zog einen Mann mit. Der zögerte, wollte nicht recht in das Licht treten. Schließlich gab er ihrem Zerren nach.

„So, du bist also Lonn“, sagte Kum in die plötzliche Stille. „Von dir habe ich schon viel gehört.“ Sie sagte es so, dass keiner an schlechte Dinge dachte.

Der Verwachsene stand jetzt im Feuerschein. Alle konnten ihn ansehen. Die Männer vom Grabbau grüßten ihn freundlich und mit Achtung.

„Einige von euch kennen mich, viele nicht“, sagte Lonn mit seiner tiefen Stimme. „Ich weiß sehr wohl, wie ich aussehe. Ein Blick in glattes Wasser genügt mir selbst. Meine Mutter brachte mich so auf die Welt. Es war nicht leicht für sie, sagte man mir später. Und besonders glücklich war sie über mein Aussehen nicht. Dieser Fuß“, er hielt den übergroßen Fuß hoch, „kam zuerst auf die Welt. War wohl größer als mein Kopf!“

Om brüllte vor Lachen und klopfte sich dabei auf den runden Bauch. Das Eis war gebrochen. Alle am Feuer lachten mit. Wer sich so selbst zum Besten halten konnte, war ein Mensch von ihrem Schlag. Man musste seinen Körper eben so nehmen, wie es der Allmacht gefiel.

Als Om sich beruhigt hatte, sagte er: „Uns kümmert dein Aussehen nicht. Dein Handeln spricht für dich, Lonn.“ Er drehte den Kopf und wies zu Barin, dem Dorfersten.

„Ich freue mich, dass du im Dorf geblieben bist, Lonn. Die anderen freuen sich mit mir“, sagte Barin.

Mindara legte einen Arm um Lonns Schultern und sagte dabei: „Dass wir ein Paar sind, scheint von euch ja jeder zu wissen. Ich muss also nur noch fragen, ob einer von euch etwas gegen meine Mannwahl einzuwenden hat. Allerdings müsste er damit rechnen, dann gegen Lonn antreten zu müssen." Sie sah stolz und selbstbewusst in den großen Kreis.

Einer der Männer rief: „Mindara! Wir vom Bauplatz wünschen dir Glück mit ihm. Sicher ist keiner hier, der mit einem Bären ringen will. Aber eines möchte ich noch wissen: Hast du ihn eigentlich schon selbst gefragt?"

Tosendes Gelächter brandete auf. Die festliche Stimmung hielt Einzug bei Alten und Jungen. Sie wollten endlich tanzen. Alle waren bereit, aber Harp fehlte.

Mina sah sich nach Tirkan um. Auch nicht da! Sie fragte herum, keiner hatte ihn gesehen. Was fiel ihm ein, sie jetzt allein zu lassen? Jetzt, wo es darauf ankam, den Großen auch ihre Gemeinsamkeit zu zeigen.

Sie nahm sich vor, mit anderen Jungen auf dem Fest zu tanzen. Er sollte spüren, dass sie sich nicht so leicht auf die Seite schieben ließ.

Noch jemand fehlte, aber außer Mindara vermisste niemand in der Festgemeinde Nuran, die Späherin.

Er betrachtete sein Werk. Farbe und Haarpinsel ließ er achtlos fallen. So hatte sie ausgesehen. Hellbraune Augen, zarte Augenbrauen, eine kleine Nase und ein Mund, der immer zu lachen schien. Ihr Lachen hatte ihn von düsteren Gedanken, Sorgen und Nöten abgelenkt und all sein Tun erleichtert. Eine junge Frau wie Sonnenschein, freundlich, fröhlich und den schönen Dingen des Lebens zugewandt. Die Fußabdrücke aus Lehm nahm er mit. Er würde sie am Steingrab zertrümmern. Dann löschte er die Fettlampe und das kleine Feuer. Der Baum sollte nicht durch Feuer zerstört werden. Er hatte ihm Zuflucht und Ruhe geschenkt, seinen Hass und seine Trauer zu pflegen. Die Tür ließ er offen. Er würde nicht hierher zurückkehren.

Tirkan hatte sich entschieden. Die Freundschaft mit Harp war ihm wichtiger als der Festbeginn. Wenn es denn noch eine Freundschaft zwischen ihnen gab. Genau das wollte er klären.

Wo mochte sich Harp verkrochen haben? War er wirklich auf dem Bauplatz geblieben? Welchen Grund hatte er, das Fest zu meiden? Om und Kum warteten auf ihn, das wusste er doch. Warum versteckte er sich? Was machte ihn so streng, grob und hart, dass er das Leben eines Menschen aufs Spiel setzte, indem er Warnungen missachtete? Was wollte er mit dem Gefäß von Merur? Tirkan lief in der hellen, kalten Nacht zum Begräbnishügel.

Der Vollmond stand rund und groß am Himmel. Die Sanddornbüsche wurden vom Mondlicht angestrahlt und glänzten silbern. Der Wald mit Eichen, Linden, Erlen und Ulmen stand als dunkle Wand vor dem Fluss.

In Barins Haus saßen Nuri, Randok und der Heiler bei dem Bewusstlosen. Randok massierte die Beine seines Vaters und wechselte immer wieder angewärmte Decken aus. Der Heiler hatte den Schädelknochen freigelegt und stillte die starke Blutung mit Tüchern und dünn geschnittenen Scheiben des Birkenporlings.

„Wollen sehen, wollen sehen“, murmelte er vor sich hin, als käme ihm nichts anderes in den Kopf.

Randok hielt es nicht mehr aus. „Was willst du sehen? Ich will nicht, dass du meinem Vater den Schädel öffnest. Er kann ja nicht einmal sein Einverständnis dazu geben."

„Mehr Licht, Junge! Hol die Fettlampen. Alle. Aber hurtig und halt den Schnabel", sagte er unwirsch. „Ein Heiler weiß, was er tut. Ich bin schon vor längerer Zeit aus dem Ei gekrochen als du und habe manchen Schädel geöffnet. Glaub mir, die Menschen waren froh darum."

„Ich glaub dir ja, aber was entscheidet, ob du seinen Kopf öffnest?"

„Das Licht, meine Augen und vor allem, ob sein Schädelknochen nach innen gedrückt, gesplittert ist oder nur Risse zeigt. Das Licht!"

Nuri und Randok hielten die Lampen.

Der Alte hielt den Kopf schief und sah angestrengt auf den Schädelknochen. Immer wieder überströmte Blut den freigelegten Schädel. Er tupfte und starrte, tupfte und starrte …

Randoks Lampe zitterte in seinen Händen.

Der Alte brummte unwillig: „Jetzt von der anderen Seite leuchten! Halt die Hände ruhig! Das solltest du um deines Vaters willen schaffen. Ah, ich glaube …"

Und dann schlug Randoks Vater die Augen auf!

„… er hat einen Bruch. Keine Schädelöffnung! Gib mir neue Blätter, Tücher, Wasser, die feinste Nadel, die feinste Sehnenschnur, los, Junge, spute dich!"

„Er hat die Augen geöffnet!", rief Randok. „Er ist aus dem tiefen Schlaf aufgewacht, er lebt!"

„Weiß ich längst, Bengel. Schrei nicht so! Jetzt muss es schnell gehen. Er wird bald ganz erwachen und die Wundschmerzen werden ihn überfallen. Wir müssen die Haut schnell vernähen, sonst bewegt er sich im Schmerz zu stark. Er darf sich nicht rühren. Jede Bewegung schadet seinem Kopf. Nuri, hol ein paar Männer, die ihn notfalls festhalten können."

Vor Erleichterung wurde Randok schwindlig. Er setzte sich.

Mina tanzte mit Konge. Der war fröhlich und geschmeichelt, Muhn dagegen eifersüchtig. „Sieh zu, dass du dich um Tirkan kümmerst", sagte sie böse. „Wo ist er denn, dein Tänzer? Es ist nicht dein Fest allein und junge Männer gibt es heute Abend genug für dich."

„Ach, Muhn", sagte Mina, „ich wusste nicht, dass du die ganze Nacht mit Konge tanzen wolltest. Bisher hast du ihn ja nicht gerade verwöhnt."

„Mag sein, aber weshalb umwirbst du ihn? Tirkan ist dein Gefährte. Genügt er dir nicht mehr?"

Konge hörte den Streit der Mädchen. Schlecht!, dachte er. Es geht ihnen doch nur um Tirkan. Wie konnte ich so eitel sein zu glauben, dass Mina sich um mich bemüht? Muhn missachtet mich ja auch. Kein Wunder, die unguten Dinge kleben an mir wie Harz. Manchmal möchte ich am liebsten nie geboren worden sein. Besser, ich verlasse das Fest.

Als Konge in der Nacht untertauchte, weinte er.

„Harp fehlt mir", sagte Kum. „So recht mag ich nicht fröhlich sein, wenn er nicht dabei ist. Lass nach ihm suchen, Om. Eine böse Ahnung rät mir, dich darum zu bitten."

Om antwortete nicht. Seine Aufmerksamkeit richtete sich auf das Festgeschehen. Er wollte auch nicht auf Kums böse Ahnungen hören. In seinem Leben hatte er erfahren, dass zu viel Sorge um die anderen ihr Handeln nicht änderte.

„Harp wird schon kommen", sagte der alte Heiler, der die Wunde genäht hatte und den nach der Anstrengung gutes Essen und guter Trunk lockte. So konnte er die Dinge leichter sehen: „Die dunklen Geister sitzen zurzeit auf ihm. Er wird nachdenken, wie es mit ihm weitergehen soll. Ohne Frau sind die meisten Männer nur die Hälfte wert. Im Morgengrauen ist er bei uns, Kum."

Kum gab gern nach. Die Worte des Heilers beruhigten sie. Warum machte sie sich so viele Gedanken? Sie wollte die Fröhlichkeit der jungen Leute genießen. Und Anteil daran haben. Was wusste sie schon, wie viel Leben ihr noch vergönnt war? Kum verdrängte ihre Ahnungen.

„Jetzt ist Konge auch weg", sagte Muhn giftig. „Das ist deine Schuld, Mina! Du hast ihn aufgefordert und ihm Zuwendung vorgespielt."

„Du hast recht, Muhn. Meine Wut darüber, dass Tirkan mich ohne ein Wort hier beim Fest allein lässt, hat meinen Sinn vergiftet."

„Was sollen wir tun?", fragte Muhn traurig.

„Konge und Tirkan suchen", sagte Mina entschlossen. „Was sonst?"

„Wo haben sie sich versteckt?", fragte Muhn.

Muhns Eifersucht auf Mina war kein Grund mehr für Streit.

15. Kapitel: Tirkan greift ein

Der ausgezehrte Mann lief am Strand entlang, bis das Feuersteinkliff endete. Den Umweg wählte er, um niemandem zu begegnen.

Sein Beutel war ausgebeult. Eine Kette aus Bernsteinstücken hatte er auf seinen langen Wanderungen am Strand für sie gesammelt. Das schönste Stück formte er so, dass es wie eine Axt mit zwei gebogenen Schneiden aussah. Das Bernsteinstück glänzte gelblich und warm, wenn man es ins Licht hielt. Meeresschnecken und Muschelschalen, Wildschweinhauer und Hirschzähne trug er noch in der Tasche am Gürtel.

Das Kostbarste war ein Armring aus reinem Gold. Ein Händler, der über das große Wasser im Westen gekommen war, hatte ihn Harp geschenkt, nachdem der ihm einen vereiterten Zahn ausgerissen hatte. Der fremde Händler hatte furchtbare Schmerzen gehabt und war so glücklich über Harps Hilfe gewesen, dass er das Kostbarste verschenkte, was er besaß: den Armring aus gehämmertem Gold.

Mankit sollte diesen Ring zur Geburt ihres ersten Kindes bekommen. An dem Tag, als er dem fremden Händler den Zahn zog – nur eine kurze Wegstrecke vom Hof entfernt –, kam der Mörder zu ihr.

Harp presste die Lippen zusammen. Er hätte sie nicht allein lassen dürfen. Dieser Selbstvorwurf lastete auf ihm wie ein Fluch.

Der einsame Mann trug außer dem Beutel noch eine Umhängetasche. Sie enthielt die zermahlenen Nadeln

eines Baumes und Pilze mit grün schimmernder Hutkappe, die er getrocknet hatte.
Harp war bereit.

Tirkan erreichte den Begräbnishügel. Der Vollmond und die wolkenlose Nacht gaben genügend Licht, um sich gut zurechtzufinden. Die riesigen Decksteine lagen vor der Rampe auf Schlitten, Rollen und Unterzügen, so wie sie sie am Abend verlassen hatten. Es war still hier oben. So still, dass Tirkan sich unbehaglich fühlte. Er, der gedacht hatte, die Angst vor der Nacht überwunden zu haben. Wo mochten sie sein, die Geister der Toten? Beobachteten sie ihn, wie er dabei war, die Ruhe des Begräbnishügels zu stören? Starrten sie ihm aus leeren Augenhöhlen anklagend nach? Tirkan fühlte, wie sich das Unbehagen verstärkte und mit eisigen Fingern über seinen Rücken bis in den Nacken kroch. Er kletterte auf einen Deckstein, hockte sich hin und sah zum Wald hinüber. Die dunkle Wand stand starr und unbeweglich. Kein Windhauch bewegte Blätter und Zweige. Seine Augen saugten sich in dieser Dunkelheit fest. Je mehr er sich anstrengte, desto weniger konnte er die schwarzen Baumriesen unterscheiden. War da eine Bewegung? Ein Hirsch, der am Waldrand entlangzog vielleicht?
Täuschung, dachte Tirkan. Die Dunkelheit macht den Wald in meinem Kopf lebendig. Es ist nur der Wind, der die Bäume bewegt. Der Junge konnte nicht ahnen, dass scharfe Augen ihn vom Wald her beobachteten. Er drehte sich und sah zum Dorf hinüber. Der Feuerschein war bis hierher gut auszumachen. Das Fest … Mina würde ihn verachten. Wer ließ seine Gefährtin bei solch einem An-

lass im Stich? Er zweifelte und dachte: Was gibt mir das Recht, Harp zu verfolgen? Ich gehe zurück.

Bevor Tirkan vom Stein kletterte, sah er noch einmal zum Meer hinüber.

Eine hagere Gestalt wurde vom Mondlicht angeleuchtet. Wie eine große Spinne mit Beute sprang und kroch sie die Hügelseite zum Grab hinauf.

Der Junge schrak zusammen und duckte sich. Dann streckte er die Beine ganz flach aus und ließ sich vorsichtig zur Seite abrutschen. Seine Kleidung erzeugte ein Knirschen auf dem körnigen Granit. In seinen Ohren klang es überlaut.

Am Waldrand beschloss die Beobachterin, noch zu warten. Ganz deutlich sah sie den Klumpen auf dem Deckstein, der sich nicht wie ein Tier bewegte. Eben hatte er wohl herübergesehen. Konnte es der Mann sein, den sie achtete und schätzte, um dessen Zuneigung sie sich bemühen wollte, dessen Verhalten sie nicht verstehen konnte? Ah, er verließ den Stein. Oder legte er sich nur hin? Jetzt wollte sie nicht mehr warten.

Tirkan lag auf dem Sandboden neben dem Deckstein und lauschte. War da nicht ein leises Tappen von Schuhwerk? Ein Knistern von Büschen, die zur Seite gedrückt wurden? Er spürte die Heimlichkeit und Vorsicht, mit der der andere sich fortbewegte, und glaubte, durch die Steine sehen zu können. Ein Scharren in der Grabkammer? Stille.

In Tirkans Ohren klopfte der eigene Herzschlag. Dann hörte er heftiges Atmen.

Tirkan schlich sich um die Trägersteine und erreichte die andere Seite des Grabes mit dem Eingang zur Grabkammer. Vorsichtig, ganz vorsichtig schlich er näher. Die Grabkammer war dunkel. Er hörte leise, schabende Geräusche.

Was trieb der Mensch dort?

Tirkan tastete nach einem Stein. Was hatte Lonn damals gesagt? „Jeder Stein ist eine Waffe in meinen Händen." Wehrlos bin ich nicht. Wer so viel Heimlichkeit braucht, hat gewiss nichts Gutes im Sinn.

Er schob sich noch näher, beugte sich vor und hob die Hand mit dem Stein über seinen Kopf. Funken sprüh-

ten. Der Mensch schlug Feuerstein auf Schwefelkies. Er wollte Licht. Der Zunder nahm begierig die Funken auf und wurde zu Glutherden. Birkenrinde und feines Gras darüber: Das erste Flämmchen züngelte auf. Es beleuchtete eine hockende Gestalt. Tirkan hielt den Atem an. Jetzt das Gesicht – er hatte sich also nicht getäuscht.

Harp mischte die zermahlenen Nadeln und den getrockneten Pilz zu einem Brei. Eibenbaumnadeln, Knollenblätterpilz – tödliches Gift, genug für drei Ochsen.

„Was tust du hier?!", rief der Junge.

Harp sprang auf. Sein Schrei durchbrach die Stille.

Nuran hörte den Schrei und stürmte in langen Sätzen den Hügel hinauf. In ihrer Hand hielt sie ein nadelspitzes Knochenmesser. Was war das für ein Schrei, ein ängstlicher oder ein wütender? Sie hatte jetzt keine Zeit darüber nachzudenken. Voran!

„Junge! Verschwinde!", stieß Harp hervor. „Du hast kein Recht, mich zu stören."

„Ich nehme mir das Recht, dich zu stören!", sagte Tirkan wütend. „Ich sehe, was du tun willst!"

Harp griff an. Tirkan war so überrascht, dass er sich erst nicht zur Wehr setzte. Der Griff um seine Kehle wurde fester. Tirkan riss die Arme hoch und stieß den Angreifer von sich. Der vom Hungern geschwächte Mann fiel auf den Rücken und blieb liegen.

Tirkan griff nach der Schale und schleuderte sie in die Nacht hinaus. Voller Wut packte er den nächsten Gegenstand und riss ihn hoch.

„Nein!", schrie Harp verzweifelt. „Tu das nicht!"

Der Junge warf ihn mit aller Kraft gegen die Steine der Grabkammer. Das Tongefäß zerplatzte.

Zwischen den Scherben lag Mankits Schädel. Die festlich bemalte Tonmaske über den leeren Augenhöhlen war in kleine Stücke zersprungen.

Mit einem Satz sprang Nuran kampfbereit zum Eingang und versuchte, das Geschehene zu erfassen. Keiner der drei rührte sich. Die Flamme war größer geworden. Sie starrten sich an.

Dann stieg Nuran in die Grabkammer. „Mankit ist tot, Harp", sagte sie leise. „Ihre Mörder sind tot. Löse dich von der Toten! Das Leben wartet auf dich! Tirkan hat dich gesucht, statt mit seiner Gefährtin auf dem Fest zu sein. Ich warte auf dich!"

Erschöpft verließ Tirkan den Gang. Er fühlte sich wie aus einem bösen Traum erwacht. Langsam ging er den Hügel hinunter.

Es war gut, dass ich meinen Ahnungen nachgegeben und ihn aufgespürt habe. Er suchte also den Tod, vereint mit Mankit. Jetzt wird Nuran sich um ihn kümmern.

Er war so in Gedanken versunken, dass er nicht einmal erschrak, als eine ängstliche Stimme hinter einem Stein hervor sagte: „Was war das für ein Schrei, Tirkan?" Es war Konge.

„Ach, Konge. Da war kein Schrei. Es war ein Nachtvogel. Irgendetwas mit Flügeln. Begleite mich zum Fest. Wir beide haben hier oben nichts zu suchen."

„Aber warum hast du das Fest verlassen, Tirkan? Mina will dich langsam auf einem Feuer rösten, weil du verschwunden bist. Und wo ist Harp?"

„Er wird kommen, Konge. Komm mit, ich mag tanzen. Aber wie es aussieht, finden wir wohl beide unsere Gefährtinnen mit anderen beschäftigt. Was treibt dich überhaupt hierher?“

„Eigentlich du, denn Mina tanzte noch mit mir, bis Muhn …“

„… bis Muhn? Red nur weiter, Konge. Und glaub ja nicht, dass der Tanz für uns vorbei ist!“, rief Muhn aus einem Versteck.

Tirkan und Konge drehten sich um.

„So denke ich auch …“, sagte eine zweite Stimme.

Die Jungen sahen verblüfft, wie die beiden Mädchen aus einem Sanddorngebüsch krochen.

„Ich will jetzt endlich feiern“, sagte Tirkan und rannte ins Dorf.

Das Fest dauerte bis zum Morgengrauen. Knochenflöten und Rasseln begleiteten den rhythmischen Gesang der Tänzer. Als Harp und Nuran am großen Feuer erschienen, richtete sich die Erste, Kum, ruckartig auf und stieß Om den Ellbogen in die Seite. Er war eingenickt und träumte wohlig von knusprigen Hammelkeulen und einem riesigen Krug mit Gegorenem.

„Hm? Kann man einen alten Mann nicht in Ruhe träumen lassen?“, murrte er schläfrig und blinzelte in den Feuerschein.

„Gleich wirst du hellwach sein, Om. Sieh mal, wer in den Tanzkreis der Jungen gekommen ist!“

Om klappte seine müden Lider ganz hoch und sah Harp und Nuran im Tanzkreis stehen. Die Hände hatten sie einander auf die Schultern gelegt.

Der Heiler sprang wie von einer Hornisse gestochen auf, wies die Männer an, neues Holz ins Feuer zu werfen, und begann langsam zu klatschen. Die Alten standen ebenfalls auf und fielen ein. Die jungen Leute von den kleineren Feuern liefen herbei. Die Gruppe der Klatschenden um Nuran und Harp wuchs und wuchs: Tirkan und Mina, Konge, Muhn und Randok und alle anderen, die zwischen Junge und Mann, Mädchen und Frau standen.

Die kleine Namkri hockte auf Ruckes Schultern. Von oben konnte sie das Paar tanzen sehen und schwang begeistert in jeder Hand eine Rassel.

„Nuran also", flüsterte Mindara Lonn ins Ohr. Sie drückte dabei ihre Freude aus, indem sie ihm fest auf den Rücken schlug, wie auf eine Trommel. „Der Blitz soll mich treffen, wenn ich behaupte, auch nur eine Ahnung gehabt zu haben."

„Meine Ahnungen und Sorgen begraben wir besser morgen im großen Steingrab. Und der Blitz soll mich treffen, wenn die mir besser gefallen würden, als das, was ich bei den Tänzern sehe." Lonn sollte nie erfahren, wie nahe er der Wahrheit gekommen war. Tirkan und Nuran konnten schweigen.

Harp schlief beim Tanzen im Stehen ein. Nuran trug ihn vom Tanzplatz. Er war durch das Hungern sehr leicht geworden und lag wie ein Kind in ihren kräftigen Armen. „Dich werde ich schon wieder aufpäppeln. Aus Trauer das eigene Leben wegwerfen? Hab nur Mut! Wir schaffen alles!", flüsterte sie ihm ins Ohr.

Tirkan und Mina sahen ihnen nach. Tirkan gab seiner Gefährtin ein Zeichen. Die ersten Strahlen der Morgensonne kamen im Osten über das Wasser und färbten es rot. Ein neuer Morgen begann.

Fast fünftausend Sommer später fand man in einem Großsteingrab beim Schädel einer Frau einen zierlichen Armring aus reinem Gold.

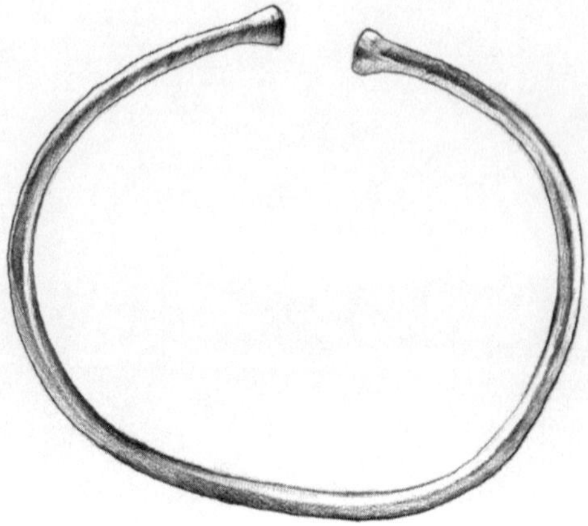